KB034170

인문학
공부법
실천편

인문학과 삶을 이어주는 다섯 단계
인문학 공부법 실천편

지은이 | 안상헌
펴낸곳 | 북포스
펴낸이 | 방현철

편집자 | 공순례
디자인 | 엔드디자인

1판 1쇄 찍은날 | 2016년 05월 13일
1판 1쇄 펴낸날 | 2016년 05월 20일

출판등록 | 2004년 02월 03일 제313-00026호
주소 | 서울시 영등포구 양평동5가 18 우림라이온스밸리 B동 512호
전화 | (02)337-9888
팩스 | (02)337-6665
전자우편 | bhcbang@hanmail.net

이 도서의 국립중앙도서관 출판시도서목록(CIP)은 e-CIP 홈페이지(http://www.nl.go.kr/ecip)와
국가자료공동목록시스템(http://www.nl.go.kr/kolisnet)에서 이용하실 수 있습니다.
(CIP제어번호: 2016010811)

ISBN 979-11-5815-000-6 03300
값 15,000원

인문학과 삶을
이어주는 다섯 단계

인문학 공부법 실천편

안상헌 지음

북포스

삶에서 함께하는 인문학

우리 사회에 인문학 열풍이 분 지 오래다. 곳곳에서 인문학 강의가 열리고 관련 도서들도 인기를 얻고 있다. 하지만 인문학이 정말 우리 삶과 가까워졌는지에 대해서는 다시 생각해봐야 할 듯하다. 인문학 공부를 한다는 사람들조차도 여전히 인문학은 어렵고 실제 삶과는 거리가 있다고 느끼는 경우가 많기 때문이다.

이런 분위기에서 전작 《통찰력을 길러주는 인문학 공부법》은 어렵게만 느껴지는 인문학을 쉽고 재미있게 접근할 수 있도록 돕기 위한 노력의 일환이었다. 인문학의 개념과 최근 유행하게 된 배경을 비롯하여 인문학의 주요 분야인 문학·역사·철학에 대한 기본적인 개념들, 공부 방법에 대한 이야기들을 담았다. 다행히 많은 독자가 아껴주었고 여전히 큰 사랑을 받고 있다. 독자들로부터 인문학을 한 권의 책으로만 안내받기에는 한계가 분명히 있기에 구체적인 실천을 위해서 자세한 설명을 담은 책이 추가로 나왔으면 좋겠다는 피드백도 있었다.

이런 요구에 부응하기 위해 추상적인 인문학과 그 중요성을 넘어 어떻게 하면 인문학 공부를 구체적으로 해나갈 것인지 실천적인 방법들을 담은 책을 구상하게 되었다. 책을 읽고 공부를 한다는 것은 한 줄 한 줄을 읽어나가는 과정이다. 이때 각각의 문장과 이야기를 어떻게 이해할 것이며, 책의 전체적인 내용을 어떻게 파악하고 정리할 것인가는 무척 중요한 문제다. 어려운 인문학을 쉽고 재미있게 읽으면서도 핵심을 놓치지 않으려면 효과적인 독서법이 큰 도움이 된다. 길을 찾는 사람들에게는 안내인이 필요한 법이다.

그동안 인문학 공부를 해오면서 경험한 시행착오들과 공부의 결과들을 바탕으로 구체적이고 생산적인 공부 방법들을 공개하고자 한다. 이 책에 실려 있는 인문학 공부법은 다섯 단계로 이루어져 있다.

첫째, 문장과 이야기의 의미를 발견한다.
둘째, 그 의미가 우리 현실에서 어떻게 작용하는지 구체적인 사례를 찾는다.

셋째, 공부한 것으로 자신을 돌아보고 성찰한다.

넷째, 비판적으로 읽는다.

다섯째, 공부한 것을 자기 방식으로 정리하고 표현하여 활용한다.

이 다섯 단계에 따라 공부법을 구체적으로 소개하고, 실제 책을 읽는 것처럼 연습하여 이해할 수 있도록 구성했다. 책을 어떻게 읽어야 의미를 잘 파악할 수 있고, 생활에서의 사례를 어떻게 찾아낼 수 있는지를 아는 것은 독서의 넓이를 좌우한다. 여기에 책 속 문장을 통해서 자기를 돌아보는 것은 인성을 함양할 수 있는 중요한 과정으로, 독서의 깊이를 담보해준다. 창의성과 통찰력을 요구하는 미래 사회에서는 공부한 것들을 현실에 접목하는 힘이 중요한데, 이때 기존의 것을 비판하고 응용하고 새로운 아이디어로 적용하는 것은 독서의 확장에 해당한다.

공부는 현실에 도움을 주어야 한다. 독서를 통해 지식과 지혜의 폭을 확장하고 자신을 돌아보며 깊이 있게 통찰하여 창의적으로 활용하는 힘을 기르는 독서법은 삶의 문제를 이해하고 해결하는 중요한 공부가 될 것이다. 이 방법들은 나 스스로 독서 과정을 통해서 배운 것이기도 하지만, 무엇보다 선배 독서가들이 이미 실천했던 방법이기도 하다. 이 책을 통해 인문학 공부가 즐겁다는 것을 느낄 수 있고, 실천적인 문제 해결에 도움을 얻는 독자들이 늘어난다면 저자로서 더 바랄 것이 없겠다.

　현실과 동떨어진 딱딱한 인문학이 아닌, 우리 삶에 살아 꿈틀거리는 생생한 공부를 원하는 독자들에게 이 책을 바친다.

2016년 5월
안상헌

차례

1장

의미를
발견하라

독서는
의미 해석이다

아침에 출근을 하려고 집을 나섰는데 줄지어 가는 장의차량을 발견했다. 이때 사람들의 생각은 두 가지로 나누어진다. '오늘은 운이 없겠다'와 '운이 좋겠다'가 그것이다. 장례 행렬을 보는 순간 죽음을 떠올린 사람들은 운이 없겠다고 생각할 것이고, '장의차를 보면 운수가 좋다'는 말을 떠올린 사람은 운이 좋겠다고 생각할 것이다. 우리는 같은 현상을 보고도 다른 생각을 한다.

흔히들 인생은 해석이라고 말한다. 닥쳐오는 현상들을 어떻게 해석하느냐에 따라 생각이 달라지고, 그에 반응하는 태도가 달라진다는 점에서 틀린 말이 아니다. 우리는 매일 수많은 경험을 하는데, 그 경험을 어떻게 해석하고 의미를 부여하느냐에 따라 대응하는 자세가 달라진다. 다른 사람의 비판을 좋게 해석하면 자기성장의 밑거름이 될 것이고 나쁘게 해석하면 사람들과의 관계가 소원해질 것이다. 인생은 순간의 해석에 따라 크게 달라진다.

독서도 마찬가지다. 책을 읽는다는 것은 간접경험을 하는 것이고, 그 경험을 어떻게 해석하느냐에 따라 내용을 이해하는 정도와 방향이 달라진다. 같은 책을 읽어도 서로 다른 내용을 이야기하게 되는 것은 이 때문이다. 해석이 다르니 이해하는 정도도 다르고 반응하는 방법도 달라진다.

다음은 《논어》를 읽고 나눈 대화의 일부다.

"저는 '공자께서 한가로이 계실 때는 온화하고 편안한 모습이셨다'는 문장이 참 좋았습니다. 저도 그런 모습으로 나이 들고 싶다는 생각이 들었습니다."

"저는 공자가 음악을 강조하는 데 감동했습니다. 음악은 사람의 마음을 풍요롭게 해주거든요. 사실 저도 음악을 좋아해요."

"공자가 주나라를 따르라고 하는 것은 과거에 대한 지나친 환상을 가졌다는 증거라고 생각합니다. 그래서 공자가 보수주의라고 비판받는 것 같습니다."

같은 책을 읽었음에도 사람에 따라 해석에 차이가 난다. 사정이 이렇다 보니 자연스럽게 이런 질문들을 자주 듣게 된다.

"제가 책을 잘 읽고 있는 것일까요?"

"책을 제대로 읽은 것이 맞나요?"

책을 읽는 사람들은 작가가 의도한 것이 이것인지, 내가 개념을 제대로 이해한 것인지 아니면 엉뚱한 방향으로 이해한 것은 아닌지 알고 싶어 한다. 왜 이런 생각을 하게 되는 것일까? 스스로의 해석에 자신이 없기 때문이다.

책을 읽는 활동은 내용을 해석하고 그 의미를 분석하는 일이다. 독서 실력이 늘지 않음을 걱정하는 사람들은 대부분 여기에 막혀서 제자리걸음을 하곤 한다. 의미를 해석하는 능력이 키워지지 않아서 비슷한 인식 수준에 머물러버리는 것이다.

그렇다면 왜 문장의 의미를 제대로 파악하지 못하는 것일까?

크게 두 가지 이유가 있다. 하나는 문장을 섬세하게 읽지 못하기 때문이다. 시간에 쫓기거나 습관적으로 단어를 있는 그대로 해석하다 보니 읽어도 깊이를 가지지 못하고 피상적인 이해로 끝나는 경우가 많다. 고전 작품을 읽으면서도 신문기사를 읽듯이 정보 파악만 해버리는 경우와 비슷하다. 고전에는 수천 년 동안 축적된 인류의 정신적 유산이 담겨 있다. 그 막대한 유산을 접하면서 단어의 뜻만 파악하고 넘어가 버린다면 행간에 숨겨진 깊이 있는 통찰을 놓칠 수밖에 없다.

"가장 지혜로운 사람과 가장 어리석은 사람만이 변하지 않는다."

－《논어》, 공자 저, 김형찬 역, 홍익출판사(이하《논어》의 인용은 모두 이 책을 따름)

《논어》에 나오는 문장이다. 이 문장을 정보를 파악하는 식으로 읽으면 '지혜로운 사람과 어리석은 사람은 변하지 않는구나'라는 생각을 하고는 아무런 느낌도 없이 지나치게 된다. 반면 '가장 지혜로운 사람과 가장 어리석은 사람은 왜 변하지 않을까?'라는 질문을 던지고 그 대답들을 찾아가다 보면 다른 인식에 도달하게 된다. 가장 지혜로운 사람은 사물의 이치와 삶의 원리를 잘 알고 행동하기 때문에 생각이나 행동에 바뀔 것이 없다. 늘 그대로 살아가면서 가고자 하는 길로 갈 뿐이다. 가장 어리석은 사람은 왜 바뀌어야 하는지, 어떻게 바꿀 것인지 알지 못하기 때문에 바뀌지 않는다. 지혜로운 사람과 어리석은 사람은 바뀌지 않는다는 면에서는 같지만, 그 이유는 전혀 다르다. 이렇게 다양한 생각을 해보면 문장의 의미를 이해하는 정도가 달라지고 얻을 수 있는 것도 달라진다.

두 번째 이유는 흔히 말하는 배경지식이 부족하기 때문이다. 하나를 들으면 열을 아는 사람들이 있는데, 이는 그것과 관련된 배경지식이 있을 때 가능하다. 하나를 들었을 때 그 하나를 이해하기도 벅찬 상황에서 어떻게 열을 이해할 수 있겠는가. 공부에 시간이 필요하다고 말하는 것이 이 때문이다.

《논어》의 또 다른 문장 하나를 보자.

"인(仁)을 좋아하되 배우기를 좋아하지 않으면, 그 폐단은 어리석게 되는 것이다. 지혜로움을 좋아하되 배우기를 좋아하지 않으면 그 폐단은 분수를 모르게 되는 것이다."

사람을 사랑하는 마음이 강한 사람이라도 제대로 배우지 못하면 잘못된 방식으로 사랑할 수 있다. 자식을 지나치게 사랑하는 부모는 버릇없는 아이를 만들기 쉽고, 그렇게 자란 아이는 다른 사람의 감정을 배려하지 못하고 자기 고집만 부리는 어른이 되어버린다. 지혜로움을 좋아하는 사람도 배우지 않으면 자신이 지혜로운 사람이라고 착각해서 분수를 모르고 남의 일에 끼어들다가 낭패를 보기 쉽다. 배움은 자신의 부족함을 알게 해주고 겸손한 삶을 살게 해준다.

이런 해석은 사랑이 어리석은 모습으로 드러나는 문학 작품을 읽거나 그와 비슷한 경험을 떠올려보면 알 수 있다. 이전의 독서 활동이나 경험이 축적되어 있고, 독서를 하면서 관련된 내용을 연결시키려고 노력할 때 문장을 이해하고 해석하는 능력도 좋아진다. 좋은 독서를 하려면 문장을 꼼꼼하게 읽고 그와 관련된 지식이나 경험을 종합해서 생각할 수 있어야 한다. 이 과정에서 자기만의 의미가 찾아지고 생각지도 못했던 의미를 발견함으로써 새로운 지식의 공간에 도달할 수 있다. 특히 인문학 공부에서는 인생과 세상의 원리를 이해하는 것이 중요하다. 인생과 세상의 원리를 공부하는 과정에서 자기 생각이 만들어지고 세상에 대한 태도를 결정하게 된다. 그것이 인문학 공부의 목적이고 고전 읽기의 즐거움이다. 이때 텍스트의 해석은 공부의 시작이자 근본이 된다.

인생은 해석이고, 공부는 의미를 발견하는 과정이다.

문장과 이야기의
의미는 무엇인가

"배우고 때때로 익히면 또한 기쁘지 아니한가(學而時習之 不亦悅
乎)?"

《논어》의 첫 문장이다. 한문 시간에 배웠기 때문인지 무척 익숙
하다. 하지만 이 문장을 읽으면서 '좋다'는 생각이나 '멋진 글이다'
와 같은 감흥을 느끼는 사람은 그렇게 많지 않다. 왜 누군가에게는
감동적인 문장이 다른 누군가에게는 아무런 느낌도 없는 문장이
되는 걸까?

이유는 문장에서 아무런 의미도 발견하지 못하기 때문이다. 의
미를 발견해야 느껴지는 것도 있는 법인데 그런 것이 없으니 무미

건조할 뿐이다. 공부를 통해 깨달음에 이르려면, 먼저 하나의 문장과 이야기에서 의미를 발견할 수 있어야 한다. 책을 읽으면서 많은 것을 얻을 수 있느냐, 감동과 깨달음에 도달할 수 있느냐는 다양한 의미를 발견할 수 있느냐에 달려 있다. 그래서 책을 읽고 공부를 하는 것은 지식을 얻는 활동뿐만 아니라 의미를 발견하는 능력을 키운다는 두 가지가 모두 포함된다. 그렇다면 어떻게 해야 문장의 의미를 파악하는 능력을 키울 수 있을까?

의미를 파악하는 능력을 키우는 방법은 필요한 질문을 던지는 것이다. '이 문장은 어떤 의미가 있는가?' 이런 질문을 던지면 그에 맞는 답을 찾게 된다. 생각을 한다는 것은 질문을 던지는 활동이다. 질문을 던지고 그에 맞는 답을 찾아가는 과정이 생각하는 활동이다. 질문이 없다면 생각도 없다. 결국 생각은 어떤 질문을 던지느냐에 따라 달라진다. 질문의 내용이 생각의 방향을 결정하기 때문이다.

'이 문장은 어떤 의미가 있는가?'라는 질문으로 앞의 문장을 살펴보자. 이런 질문 없이 읽으면 '배우고 가끔 익히면 즐겁다'는 뜻으로 이해될 것이고, '그럴 수 있겠다' 하는 생각으로 쉽게 넘어가 버릴지도 모른다. 좀더 천천히 꼼꼼하게 읽으면서 질문을 던져 보자.

'때때로 익힌다는 말이 무슨 의미일까?'

'익힌다(習)'는 말은 연습하고 훈련한다는 뜻이다. 여기서 '때때로'는 가끔이라는 뜻이 아니라 기회가 있을 때마다 자주라는 뜻으로 이해해야 할 듯하다. 그냥 소일거리로 틈날 때 하는 것이 아니라 기회를 만들어서 자주 연습하고 훈련할 때 공부가 몸에 붙는다. 또 익힌다는 것은 현실에 적용한다는 의미로 이어질 수 있다. 지식이나 기술을 배웠으면 현실에 적용할 수 있도록 해야 하는데 그 과정이 곧 익히는 것이다. 물론 이런 의미 해석은 자의적인 것일 수도 있다. 중요한 것은 이런 노력을 계속해나가는 것이다.

의미를 발견하는 것은 뜻을 이해하고 이를 통해 세상이나 사물의 원리와 법칙을 알아가는 것은 물론이고, 삶을 보다 현명하게 살아가는 실천적 지혜를 얻는 데 바탕이 되는 활동이다. 책을 읽어도 의미를 발견하지 못하거나 단순한 이해에 그친다면 원리와 법칙이 몸에 쌓이거나 현장에서 활용할 수 있을 정도로 체득되지 못할 것이다. 그러면 책을 읽어도 단편적인 지식의 습득으로 끝나버려 삶을 변화시키는 힘으로 이어지지 못한다.

《논어》의 〈헌문편〉에 제자인 자로(子路)가 노나라의 성문 앞에 이르자 문지기가 묻는 장면이 나온다.

"어디에서 오셨소이까?"
자로가 '공씨 문하에서 왔다'고 대답하자 문지기가 이렇게 대답했다.

"안 되는 줄 알면서도 그 일을 하는 사람 말인가?"

이 이야기를 어떻게 해석해야 할까? 어떤 의미를 발견할 수 있을까? 질문을 던져가며 살펴보자. 그냥 스쳐 지나가는 식으로 읽으면 공자는 해봤자 안 되는 일을 하는 사람으로 세상에 알려져 있었다는 정도로 이해된다. 하지만 의미를 생각하고 질문을 던지면서 읽으면 더 많은 것을 얻을 수 있다.

당시에 사람들은 공자가 해봤자 안 되는 일을 하는 사람으로 이해하고 있었던 모양이다. 그런데 왜 공자는 안 되는 줄 알면서도 그 일을 했을까? 그 일이란 도대체 무엇일까? 왜 이 이야기가 《논어》에 실려 있는 것일까? 다양한 의미를 발견하려면 이런 질문들을 추가로 던져보아야 한다.

공자가 하는 일이란 인과 예로 다스리는 정치를 구현하는 일이었다. 이를 위해 온갖 수모를 당하면서도 자신의 뜻을 알아주는 군주를 찾아다녔고, '상갓집 개'라는 소리를 듣기까지 했다. 이상적인 사회를 만드는 것이 그가 하고자 하는 일이었지만, 사람들이 보기에는 그것이 불가능한 일로 여겨졌던 모양이다. 이상은 좋은데 현실은 그렇지 못한 경우는 허다한 법이고, 그것은 예나 지금이나 다를 것이 없다.

이 이야기가 《논어》에 실려 있는 것은 공자의 사람됨이 이와 같았다는 것을 보여주기 위한 것임이 분명하다. 공자는 남들 보기에 해봤자 안 될 것 같은 일을 고집스럽게 하는 사람이었다. 평범한 사람들은 성공할 만한 일에 도전한다. 비범한 사람들은 안 될 것 같은 일에 도전해서 보란 듯이 성공해 보인다. 반면 훌륭한 사람들은 안 되는 줄 알면서도 그 일을 계속한다. 왜 그럴까? 그것이 옳기 때문이다. 공자는 성공 여부를 떠나 자신이 옳다고 믿는 것을 실천하며 나아가는 사람이었다.

이렇게 질문을 던지고 생각하는 과정에서 이야기의 다양한 의미가 찾아진다. '안 되는 줄 알면서 그 일을 하는 사람'이라는 의미는 비아냥거리는 말이 아니라 오히려 존중의 의미로 이해될 수 있는 것이다. 한 문장에서 다양한 의미를 발견하는 능력은 중요하다. 창의적으로 생각할 것을 강조하는 시대에 새로운 해석, 다양한 관점, 색다른 눈으로 의미를 찾아내는 사람은 능력자로 비칠 것이다. 이것은 곧 말하기와 글쓰기, 기획이나 마케팅 아이디어 등의 다양한 경로로 활용될 수 있기에 실천적 문제 해결로 이어질 수 있다.

이렇게 질문을 던져가면서 꼼꼼하게 읽다 보면 분명 그냥 읽을 때와는 다른 의미를 찾아내게 된다. 물론 질문을 던진다고 해서 의미가 쉽게 찾아지는 것은 아니다. 처음에는 어떤 질문을 던져야 하는지조차 떠오르지 않는다. 그래서 '이 문장은 어떤 의미가 있는가?'라는 질문으로 시작하는 연습을 하는 것이다. 이 질문을 던지고 대답을 찾아나가다 보면 다른 질문들이 떠오를 것이고, 떠오른 질문에 답하는 과정에서 새로운 생각과 의미들이 발견될 것이다.

딸아이와 함께 책을 보다가 재미있는 이야기를 발견했다. '내 꼬리'라는 제목의 책이었다(《내 꼬리》, 조수경 지음, 한솔교육). 어느 날 아침에 일어나보니 몸에 꼬리가 나 있어서 당황해하는 아이의 이야기로 시작된다. 아이는 너무 부끄러워 꼬리를 감추고 학교에 갔다. 가는 길에 친구들이 자기 꼬리를 볼까 봐 걱정이 태산인데, 그럴수록 꼬리는 점점 커졌다. 겨우 학교에 도착했는데 하필 짝꿍과 마주쳤다. 아이가 "내 꼬리 봤어?"라고 걱정스럽게 물었는데, 짝꿍도 동시에 "내 수염 봤어?"라고 물어왔다. 짝꿍의 얼굴을 보니 고양이처럼 코밑에 긴 수염 세 가닥이 나 있었다. 두 아이가 교실 문을 여는 순간 모든 걱정이 사라졌다. 교실에는 새의 부리를 가진 친구, 게의 집게발을 가진 친구, 코끼리처럼 코가 길어진 친구들이 가득했기 때문이다. 아이는 "내 꼬리, 괜히 걱정했잖아!"라며 웃고 만다.

무척 재미있게 읽었는데 함께 읽던 딸아이는 이야기의 의미를 잘 발견하지 못했던 모양이다.

"꼬리가 뭘 말하는 건지 알겠어?"

딸에게 물어봤지만 모르겠다는 대답이었다.

"힌트를 줄게. 꼬리는 남에게 보여주고 싶지 않은 어떤 거야."

힌트를 듣고 한참을 생각하던 딸아이가 대답했다.

"아, 알겠어. 약점!"

'진정으로 중요한 것은 눈에 보이지 않는다'는 어린 왕자의 말처럼 책 속의 다양한 의미들은 숨겨져 있는 경우가 많다. 그 의미를 찾아내는 것이 책 읽기의 재미이고, 그것을 발견할 때 감동과 통찰이 생긴다. 그러자면 의미를 발견할 수 있는 질문 던지기를 멈추지 말아야 한다.

공부의 시작,
개념 얻기

"내가 몇 년 전부터 독서에 대하여 깨달은 바가 큰데 마구잡이로 그냥 읽어내리기만 한다면 하루에 백번 천번을 읽어도 읽지 않는 것과 다를 바가 없다. 무릇 독서하는 도중에 의미를 모르는 글자를 만나면 그때마다 널리 고찰하고 세밀하게 연구하여 그 근본 뿌리를 파헤쳐 글 전체를 이해할 수 있어야 한다. 날마다 이런 식으로 책을 읽는다면 수백 가지의 책을 함께 보는 것과 같다. 이렇게 읽어야 책의 의미를 훤히 꿰뚫어 알 수 있게 되는 것이니 이 점을 깊이 명심해라."

－《유배지에서 보낸 편지》, 정약용

강의를 듣거나 책을 읽으며 배우기를 좋아하는 사람들이 많다. 인터넷에서 명강사들의 강의를 찾아서 듣고, 기회가 되면 직접 현장에 가서 목소리를 들어보기도 한다. 그때마다 좋은 이야기에 감동하고 배우는 재미가 있음을 느낀다. 그런데 이런 배움을 오랫동안 계속해왔는데도 별로 달라진 것은 없다. 남들과 다른 점이라고는 그냥 강의 듣기를 좋아한다는 정도일 뿐, 비슷한 고민과 생각으로 살아간다.

책을 많이 읽기는 하지만 실력이 늘지 않는 것 같아 걱정하는 이들도 마찬가지다. 남들보다 책을 많이 읽기는 하는데 크게 다른 점은 없어 보인다. 책을 많이 읽었으면 남들이 하지 못하는 생각을 하거나 말이나 글이 훌륭하다는 평가를 들어야 하는데 그렇지 못하다. 가끔은 책을 읽으면서도 이게 무슨 소용이 있을까 하는 의문이 들 때도 있다.

계속 책을 읽어서 실력이 일취월장하는 경우가 있는가 하면, 그냥 그 상태에 머물러서 취미 수준으로 그치는 경우도 있다. 그 차이를 만드는 것은 무엇일까? 물론 의미를 발견하고 그것을 활용할 수 있느냐의 차이가 있겠지만, 그 전에 공부가 축적되기 위한 기본이 되지 않았기 때문이기도 하다. 이때의 기본이 바로 단어나 문장의 개념을 파악하려는 노력이다. 의미를 발견하기 위해서라도 개념을 정확히 아는 것은 무척 중요하다.

공부는 개념으로 시작된다. 아이들이 자라면서 가장 먼저 배우는 것이 바로 개념이다. 엄마, 아빠, 자동차, 비행기 같은 개념들을 배우면서 세상을 알아간다. 물론 이때의 개념이란 사람들이 이미 이름 붙여두고 정의해놓은 것들이다. 아이들은 개념을 배우면서 언어를 익히고 사회화 과정을 경험하게 된다. 자신과 대상을 구분해내면서 비로소 주체로 변해간다.

나이가 들면 좀더 복잡한 개념들을 배운다. 사물의 이름을 아는 것을 넘어서 복잡한 법칙과 이론, 원리 같은 것을 배우게 되는데 그때부터 피곤한 공부가 시작된다. 이전의 공부는 생활에 필요한 것이어서 반드시 할 수밖에 없지만, 이때부터의 공부는 복잡하고 어렵고 추상적이어서 접근이 쉽지 않다. 그래서 공부가 싫어지고 포기하기 쉽다.

책을 읽는 사람이라면 이것을 알고 개념 정리야말로 공부의 근본이라는 생각을 갖고 꼼꼼하게 정리하며 공부할 필요가 있다. 그래서 정약용 선생도 마구잡이로 읽기만 해서는 읽지 않는 것과 다를 바가 없으니, 도중에 의미를 모르는 글자를 만나면 세밀하게 연구하여 그 근본 뿌리를 파헤치라고 했던 것이다. 이론이나 원리는 여러 개의 문장으로 이루어져 있고, 문장은 개념들로 이루어져 있기에 개념을 이해하는 것이야말로 이론과 원리를 이해하는 근본이 된다.

심리학을 공부하다 보면 칼 융과 관련된 개념으로 '원형', '집단 무의식' 같은 말들을 접하게 된다. 책을 읽는 많은 사람들이 이런 개념을 읽고도 문장과의 연결성만을 생각하여 추상적으로 이해하고 넘어가 버린다. 이렇게 넘어가 버리면 책의 전반적인 흐름이나 내용은 이해할 수 있을지 몰라도 정확한 개념들을 얻기는 어렵다.

"나의 생애는 무의식의 자기실현의 역사다."

칼 융의 말이다. 이런 문장을 이해하는 방법은 문장 속 중요한 개념부터 정확히 이해하도록 노력하는 것이다. 융은 개인 무의식과 집단 무의식을 구분한다. 우리가 경험하는 수많은 일이 모두 우리에게 의식적으로 기억되는 것은 아니다. 아침에 사람들을 만나 인사를 했을 때 그 순간들을 의도적으로 인식하고 기억하기는 쉽지 않다. 이렇게 인식되지 못한 경험은 완전히 사라지는 것이 아니라 우리의 무의식에 남아 있게 되는데 이것이 개인 무의식이다.

집단 무의식은 인류가 진화 과정에서 경험하고 축적한 것과 연관이 있다. 뱀을 보고 놀란다거나 사자를 보면 도망치는 것은 후천적인 학습에 의한 것이 아니다. 달빛 한 점 없는 밤길을 혼자 가지 않으려 하는 것은 어둠에 대한 두려움 때문이다. 인류는 오랜 옛날부터 경험을 축적해왔고 이런 경험을 통해 얻은 자료들은 유전자를 통해 후세대에 전해졌다. 집단 무의식을 통해 조상들은 우리에게 살아가는 법을 가르치는 셈이다.

자신의 생애가 무의식의 자기실현의 역사라는 칼 융의 말은 집단 무의식을 강조한 것으로 이해할 수 있다. 집단 무의식은 한 사람이 어떤 사람들을 만나고 어떤 세계에서 살아갈 것인지를 결정하는 중요한 이미지들을 담고 있기 때문이다. 내향성이 강한 사람은 성향이 비슷한 사람들을 만날 때 마음이 편안해짐을 느낄 것이고, 도전적인 일보다는 관조적인 일을 선택할 가능성이 크다. 이처럼 그 사람에게 새겨진 집단 무의식은 그의 인생을 결정짓는 중요한 역할을 한다. 무의식이 자기를 실현하는 것이다.

원형(archetype)은 집단 무의식의 내용물을 말한다. 우리 안에는 어머니, 어린이, 전사, 마법사, 권력자 같은 다양한 원형이 존재한다. 이 원형들은 우리가 특정한 상황에 직면하면 자연스럽게 나타나는, 공통으로 물려받은 것들이다. 길을 가다 할머니가 힘겹게 수레를 밀고 가는 모습을 보면 도와드리고 싶은 마음에 이끌린다. 이것은 우리 마음속 이타주의자라는 원형이 작동한 까닭이다.

맹자는 어린아이가 우물에 빠진 것을 본 사람이 있다면 깜짝 놀라 달려가서 구할 것인데 이것은 아이를 측은히 여기는 마음이 절로 일어나기 때문이라고 했다. 칼 융이 《맹자》를 읽었다면 이것은 이타주의자 혹은 어머니라는 원형의 역할이라고 설명했을 것이다. 이처럼 우리는 직접 학습하고 경험한 것만이 아닌 선천적으로 가지고 태어난 어떤 것들이 우리 안에 있음을 느낄 수 있다. 이것이

집단 무의식이며 그 내용물들이 원형이다. 칼 융은 생의 대부분을 여러 가지 원형을 연구하며 보냈다.

이렇게 개념을 정확히 이해하는 것은 중요하다. 개념을 알아야 문장을 이해할 수 있고 책이 전반적으로 이야기하고자 하는 흐름을 정리해낼 수 있기 때문이다. 심지어 한 철학자의 필생의 업적을 한 문장으로 정리하는 것도 가능해진다. 그렇다면 개념을 어떻게 해야 잘 파악할 수 있을까?

가장 쉬운 방법은 인터넷 검색이다. 포털 사이트들은 저마다 백과사전이나 어학사전 같은 기능을 제공하고 있다. 포털 사이트에 원형이라는 말을 검색만 해도 기본 개념은 물론이고 비슷한 개념과 구체적인 사례들까지 살펴볼 수 있다. 물론 다양한 개념과 사례를 모두 검색할 필요는 없지만, 스스로 제대로 이해했다고 느낄 정도까지는 이런 노력을 계속해야 한다.

검색을 통해서 알게 된 개념으로 책 속의 문장을 해석해보는 과정은 단어의 개념을 배울 수 있음과 동시에 전체 문장을 이해하는 데에도 도움을 준다. 만약 해석이 잘 되지 않는다면 검색된 내용 중에서 문장과 관련된 내용이 있는지를 살펴보는 것도 좋을 것이다.

이런 방법은 스마트폰을 공부에 활용할 수 있다는 점에서 추천할 만하다. 책을 읽다가 모르는 것이 있으면 검색을 통해 개념을 알아보고 다시 책으로 돌아와 뜻을 이해한다. 보통 스마트폰은 기사를 보거나 게임을 하거나 서로 연락하는 용도로만 쓰일 뿐 공부용으로는 잘 쓰이지 않는다. 소모적으로 사용될 수 있는 기계를 생산적으로 쓸 수 있다는 점에서 추천하고 싶다. 아이들에게도 개념을 검색하며 공부하는 방법을 가르쳐야 한다.

검색 기능의 활용은 책의 내용을 확장시키는 데 큰 도움이 된다. 지금 읽고 있는 문장 속 개념뿐만 아니라 그와 관련된 다른 개념들도 익히는 기회가 될 수 있다. 책을 읽을 때는 생각해보지 못했던 내용을 발견하거나 반대되는 개념 혹은 구체적인 실천 사례들도 발견하게 되어 공부가 넓어진다. 원형을 검색하다 보면 프로이트의 무의식이나 콤플렉스에 대해서도 알게 되는 것이 그런 경우다.

물론 책을 읽다가 만나는 모든 단어나 문장을 검색해볼 필요는 없다. 내용을 이해하는 데 중요한 열쇠가 되는 개념들만 살펴보면 된다. 책을 읽는다는 것은 흐름을 타는 활동이기 때문에 검색을 하면 흐름이 끊어지고 속도감을 얻지 못해 독서 활동이 지루해질 수 있다. 지루함을 느끼면 독서의 재미가 떨어지고 오랜 시간 계속할 수 없게 된다. 그리고 검색을 통해 관련 개념들을 파악하고 문장의 의미를 해석하는 연습을 해도 내용을 이해할 수 없는 경우라면 그냥 넘어가는 것도 현명하다. 지금은 그 문장을 내 것으로 만들 때가 아닌 것이다. 흔히 말하듯 내공이 부족하다는 생각으로 넘어가 보자. 공부를 멈추지만 않는다면 언젠가는 이해하게 되는 날도 올 것이다.

문장의 의미 발견,
명언을 활용하라

"저는 책을 읽어도 기억에 남는 것이 없어요. 도대체 왜 그럴까요?"

자주 듣게 되는 질문이다. 한 권의 책을 읽고 남는 것이 없는 경험은 누구나 한다. 나 또한 마찬가지다. 독서법에 대해 고민을 하게 된 것은 이런 경험 때문이었다.

어찌 보면 책을 읽고 기억에 남는 게 없는 것은 당연한 일인지도 모른다. 사람의 기억력에는 한계가 있는 법인데 한 번에 너무 많은 정보가 들어가니 그 모두를 기억해낼 수 없는 것이다. 우리는 한 권을 읽을 때보다 한 페이지를 읽을 때 더 잘 기억한다. 한 페이지를 읽을 때보다 한 문장을 읽었을 때 제대로 기억해낸다. 책을 읽어도 기억에 남는 것이 없는 이유는 너무 많은 정보가 혼선을 일으키기 때문이다.

책을 읽는 과정은 먼저 책의 내용을 이해하고, 자신에게 필요한 내용을 발견한 후, 도움이 될 만한 것을 외우거나 정리하는 것이다. 책을 읽으면서 줄을 치는 이유는 중요한 부분을 다시 찾아 읽기 쉽게 하기 위한 작업이고, 여백에 메모를 해두는 것은 더 깊이 이해하고 활용하기 위해 생각을 표시해두는 것이다. 이렇게 책을 읽고 나면 중요한 부분에 줄이 그어져 있고 중간중간 메모도 되어 있다. 다시 읽으면서 중요한 내용을 정리하고 핵심을 기억하기 위해 노력한다.

결국 남는 것은 표시들이다. 그리고 대부분의 표시는 문장이다. 문장에는 핵심이 담겨 있고 인생의 법칙과 사물의 원리에 대한 통찰들이 숨겨져 있다. 책을 다 읽은 후 남겨진 문장이야말로 본격적으로 익히고 훈련해야 할 독서의 결과물인 셈이다. 단어를 이해하는 것이 하나의 개념을 얻는 것이라면 문장을 얻는 것은 깊이 있는 의미를 얻는 것이다. 그래서 책을 읽은 후에는 하나의 문장이라도 남기는 것이 중요하고, 그것 하나만이라도 기억하고 활용할 수 있다면 괜찮은 책 읽기가 될 수 있다.

책을 읽고 남은 문장은 무엇인가? 그 문장의 의미는 무엇인가?

이것이 책을 읽은 후 얻어야 할 핵심이다.

내가 책에 재미를 붙이게 된 것도 멋진 문장들 덕이었다. 청소년 시절에 들었던 훌륭한 사람들의 말이 감수성을 자극했고 이런 문장들을 의도적으로 찾아보게 했다. 책을 읽으면서 멋진 문장들을 발견하는 데 집중하게 된 것도 이런 경험 덕이었다. 그러다 보니 아예 유명한 사람들의 말이 담긴 명언집들을 사서 읽게 되었다.

"예쁜 여자에게 키스하면서 안전하게 운전할 수 있는 사람이 있다면, 그는 키스에 전력을 다하지 않은 것이다."

아인슈타인의 어록에서 발견한 문장이다. 문장이 재미있으면서도 우리 모습을 되돌아보게 하는 힘이 있다. 하나에 집중하지 못하고 이것저것을 동시에 하려는 현대인에게 필요한 문장이 아닐까 싶다. 지금 하는 것에 전력을 기울이자는 의미로 이해할 수 있을 것이다.

"나는 똑똑한 것이 아니라 단지 문제를 더 오래 연구할 뿐이다."

아인슈타인의 비결은 하나의 문제를 오래 붙잡고 연구하는 것이었다. 그의 말은 이것저것 손대다 잘 안 되면 금방 포기하는 우리를 돌아보게 한다. 한 줄에 불과한 문장이지만 임팩트가 있다. 때로는 한 권의 책보다 한 줄의 문장이 더 큰 충격을 주는 법이다.

물론 명언집에 있는 모든 것이 좋은 것은 아니다. 때로는 이해할 수 없는 문장도 있고, 또 어떤 문장은 너무 밋밋해서 별 느낌을 주지 못하기도 한다. 짧은 문장에 깊은 내용을 담다 보니 앞뒤 내용을 알 수가 없어 이해가 되지 않는 탓이다. 그럼에도 명언이 매력적인 것은 짧은 글에서 많은 것을 상상할 수 있고, 그것이 어떤 진리에 닿았을 때 깨달음을 얻게 되는 희열 때문이다.

다음 문장은 유명한 혁명가 체 게바라의 것이다.

"나는 돌이킬 수 없는 길보다는 돌아오지 않는 길을 선택하겠다."

워낙 유명한 데다가 말을 잘했던 사람이다 보니 그의 말들이 명언집으로 출간되었다. 돌이킬 수는 없는 길이란 어떤 길일까? 살다 보면 어떤 길을 갔는데 잘못된 선택이었다는 생각이 들 때가 있다. 이때는 그 선택을 돌이키고 싶어진다. 하지만 선택을 하는 순간 나는 결코 돌아오지 않겠다는 강한 결심을 한다면 선택을 후회하는 일은 없을 것이다. 스스로 극단적인 상황을 생각하면서 결정했기 때문이다. 이 말은 후회하지 않겠다는 의미로 이해된다.

"마음속에 생겨난 두려움을 사라지게 만드는 유일한 방법은 실제 현실과 부딪힘으로써 그 두려움을 날려버리는 것뿐이다."

사람은 누구나 두려움을 느낀다. 세상과 미래를 알 수 없기 때문이다. 이때 두려움을 극복하는 방법은 하나뿐이다. 세상 속으로 들어가는 것, 두려움과 직면하는 것이다. 그것이 행동이다. 행동은 두려움을 극복하게 하고 경험과 배움을 남겨준다. 그가 혁명가로 살 수 있었던 이유를 여기서 알 수 있다. 그는 두려움을 극복하는 비밀인 행동에 적극적이었다. 늘 두렵다는 생각만 할 뿐 뛰어들지 못하는 우리에게 던지는 의미 있는 메시지임이 분명하다.

　체 게바라의 글들은 이런 식이다. 평범한 일상을 사는 이들의 생각을 뛰어넘어 늘 추구하지만 닿지 못하는 세계로 안내한다. 체 게바라와는 분야가 달랐던 또 다른 혁명가 스티브 잡스를 살펴보자.

"우리는 시장조사 같은 것은 안 한다. 컨설턴트도 고용하지 않는다. 그냥 훌륭한 제품을 만들고 싶을 뿐이다."

　대부분의 기업이 고객들에게 선택받는 제품을 만들기 위해서 시장조사를 하고 고객들의 반응을 조사한 후에 제품을 만든다. 하지만 스티브 잡스는 고객들의 성향이나 시장조사는 하지 않았다. 그럴 필요가 없었기 때문이다. 자신이 좋아하는 제품, 자신을 매혹하는 디바이스라면 고객들의 선택을 받을 수 있다고 생각했다. 사람의 감정은 보편적이기 때문이다. 오히려 고객들이 좋아하는 제품을 만들면 개선된 제품을 만들 수는 있겠지만 세상을 놀라게 하는 혁신은 불가능하다는 것이 그의 생각이었다. 이 문장만으로 모든 의미를 이해할 수는 없지만 스티브 잡스의 명언집을 다 읽으면 보다 구체적으로 의미를 발견할 수 있다. 다른 말들이 서로의 의미를 보충해주기 때문이다. 그에게는 자기 내면의 소리를 듣고 따르는 것이야말로 남들과 다른 일을 하고 자기다운 삶을 사는 유일한 방법이었고, 이 소리를 따른 것이 그의 삶이었다.

> "나는 단지 마이크로소프트가 식견이 좀 좁다고 생각한다. 빌 게이츠가 어렸을 때 환각제도 좀 복용하고 히피 마을에도 드나들고 했다면 좀더 호방한 사내가 되었을 텐데 말이다."

빌 게이츠와 스티브 잡스는 경쟁자였다. 그래서인지 스티브 잡스는 빌 게이츠를 향해 자주 화살을 날렸다. 그런데 그것이 재미있다. 하버드대를 중퇴했고 양복을 깔끔하게 입고 다니는 사람에게 환각제와 히피 이야기로 자극을 준다. 세상을 너무 모범생처럼 살지 말라는 것이다. 자기가 사는 세상은 벽에 갇혀 있는, 유리상자로 둘러싸인 세계가 아니라 그 밖에 존재하며 그곳이야말로 진짜라는 이야기를 하고 싶은 듯하다. 이 말은 정말로 환각제를 복용하고 히피처럼 살라는 것이 아니라 우물 안 세계, 안전한 곳에서 벗어나야 제대로 볼 수 있다는 의미일 것이다.

"정말 자세히 들여다보면 하룻밤 사이에 거둔 성공도 오랜 시간에 걸쳐 이룬 것이다."

스티브 잡스는 자신이 만든 회사에서 쫓겨난 후 픽사와 넥스트라는 회사를 설립해서 또다시 큰 성공을 거뒀다. 그러자 사람들은 픽사의 성공을 하룻밤 사이에 이룬 것이라고 말했다. 스티브 잡스가 보기에 픽사와 넥스트의 성공은 하룻밤에 이루어진 것이 아니라 이미 오랜 시간을 거쳐 준비해둔 것이고 그 결과가 이제 드러난 것일 뿐이었다.

어떤 유명한 화가가 십 분 만에 그림을 그리고는 비싼 값을 달라고 하자, 그림을 의뢰한 사람이 겨우 십 분 만에 그린 그림인데 뭘 그리 비싸게 받느냐고 항의했다. 그러자 화가는 이렇게 대답했다.

"이렇게 십 분 만에 작품을 그릴 능력을 만드는 데 수십 년이 걸렸다오."

지혜와 능력은 몸에 붙으면 떨어지지 않는다. 누가 빼앗아갈 수도 없다. 그 능력은 하루아침에 만들어진 것이 아니라 수십 년에 걸친 고된 훈련과 노력으로 만들어진 것이다. 스티브 잡스의 이야기는 이런 의미였으리라.

이렇게 명언들을 읽으며 문장의 의미를 찾는 것은 무엇보다 재미가 있다. 마음을 관통하는 멋진 문장을 발견하는 일이 어찌 재미있지 않겠는가. 이런 방식은 긴 문장을 읽기 어려워하는 사람들에게 책 읽기의 재미를 알려준다. 또한 의미를 발견하는 훈련을 할 수 있기 때문에 다른 책을 읽을 때도 집중력을 발휘하게 해준다. 게다가 읽으면서 이것과 관련된 다른 사람의 명언이나 책 속의 이야기들을 생각해낼 수도 있기 때문에 독서에 연관성이 생긴다.

그런 점에서 의미 찾기 훈련에 가장 좋은 것이 명언집이라고 믿고 있다. 이때 어떤 사람의 어록을 읽을 것이냐가 중요해진다. 그 기준은 자신이 좋아하는 사람, 존경하는 사람이 되어야 한다. 존경하는 사람의 글을 읽어야 글에 몰입이 잘 되고 배우려는 마음도 강해지기 때문이다.

:: 의미 찾기 공부에 좋은 어록들 ::

- 《체 게바라 어록》, 체 게바라 저, 김형수 역, 시학사
- 《아인슈타인 명언》, 알베르트 아인슈타인 저, 김대웅 편역, 보누스
- 《I, Steve 아이 스티브(스티브 잡스 어록)》, 스티브 잡스 원문, 조지 빔 저, 이지윤 역, 쌤앤파커스
- 《살아갈 날들을 위한 공부》, 레프 톨스토이 저, 이상원 역, 조화로운삶
- 《한 줄의 통찰》, 최용일 편저, 21세기북스

의미 발견을 훈련하는
이야기 읽기

책을 이해하고 생각을 확장하려면 의미를 파악하는 능력이 기본이 되어야 한다. 이 능력은 아무리 강조해도 지나치지 않다. 문장을 읽거나 이야기를 읽거나 시를 읽을 때 의미를 파악하는 능력이 없으면 읽어도 재미가 없고 배움도 깊이를 가지기 어렵다.

어떤 구두쇠가 재산을 몽땅 팔아서 금덩어리 하나를 샀다. 그러고는 그 금덩어리를 땅에 묻어두었는데 그만 자기 마음과 생각도 함께 묻어버리고 말았다. 한순간도 금덩어리 생각을 하지 않는 때가 없었고 금덩어리가 잘 있는지 수시로 확인을 해야 했다. 이것을 눈치 챈 어떤 일꾼이 금덩어리를 파내서 가지고 달아나버렸다. 자신이 그토록 아끼는 금덩어리가 없어졌다는 사실을 발견한 구두쇠는 땅을 치며 통곡했다.

지나가던 사람이 왜 그리 통곡을 하고 있냐고 묻자 구두쇠가 사실을 말해주었다. 그러자 나그네가 이렇게 말했다.

"너무 슬퍼하지 마시오. 금덩어리가 있을 때도 안 가진 것이나 다를 것이 없었소이다. 그러니 돌덩어리를 땅에 묻어두고 그것이 금덩어리다 생각하고 사시오. 있어도 활용하지 않았으니 똑같지 않겠소."

이솝 우화 속 금덩어리 이야기다. 이야기에서 의미를 발견하는 것은 이야기의 재미를 더해주는 것과 동시에 깨달음을 얻게 해주기 때문에 중요하다. 책을 읽는 것은 배움을 얻는 활동이다. 이야기의 의미를 잘 발견할수록 배움도 많아지고 깊어진다. 이솝 우화는 동물들이 등장하는 이야기를 통해 인간의 행태를 풍자한다. 그래서 이솝 우화는 이야기 속에서 의미를 찾아내는 공부를 하는 데 훌륭한 교재가 될 수 있다.

앞의 이야기에서 발견할 수 있는 의미는 무엇일까? 금덩어리가 아무리 크고 좋아도 사용하지 않으면 소용없다는 교훈일 것이다. 있을 때도 사용하지 않았으니 돌덩어리와 다를 것이 없지 않겠는가. 경제적 감각이 있는 사람들은 재산을 몽땅 팔아 금덩어리를 사는 것은 어리석다는 의미로 해석할 수도 있다. 분산투자를 하지 못해서 한 번에 전 재산을 날리게 되는 대표적인 사례라고 말할지도 모른다.

이렇게 사람에 따라 다양한 의미로 해석될 수 있는 것이 이야기다. 책을 읽다가 자신이 내용을 잘 이해하고 있는지 의문이 들고 걱정이 되는 것은 이렇게 해석이 다양하기 때문이기도 하다. 작가는 어떤 의도로 이런 이야기를 지어냈는지 궁금해질 때도 많고 말이다. 하지만 그것에 너무 신경 쓸 필요는 없다. 작가의 의도가 어떤 것이든 내가 읽을 때 발견되는 의미가 있다면 그것이 중요하기 때문이다. 작가의 의도 역시 중요하지만, 그것은 나중에 알아봐도 늦지 않다. 중요한 것은 자기 스스로 의미를 찾아내는 것이고 그런 능력을 키워나가는 것이다.

안타깝게도 우리 교육은 답을 정해두고 그것을 찾아내는 것으로 평가한다. 사정이 그렇다 보니 국어 시간에 배우는 것이 작가의 의도와 작품의 의미를 발견할 수 있는 주제와 소재 혹은 수사법 같은 것들이다. 하지만 이것은 평가를 위한 것일 뿐이다. 실제로 이야기는 사람에 따라 다르게 읽히고 의미도 달라질 수 있기 때문에 느낀 점을 자유롭게 이야기해보는 것이 중요하다. 선생님들은 아이들의 생각을 장려해야 하고, 저마다 발견한 의미들에 가치를 부여할 수 있어야 한다. 이것이 되지 않으면 이야기 읽기에 재미를 느끼지 못하고 자신이 제대로 읽었는지 걱정하는 강박을 가지기 쉽다.

개구리들이 자신들에게 왕이 없는 것에 불만이 생겼다. 그래서 제우스에게 자신들을 다스릴 수 있는 왕을 보내달라고 기도를 올렸다. 개구리들이 아주 단순하다는 것을 알고 있던 제우스는 그들의 연못에 나무토막 하나를 떨어뜨려 주었다. 첨벙 하는 소리에 놀란 개구리들이 물속으로 숨어버렸다. 하지만 잠시 후 연못이 잠잠해지자 개구리들은 나무토막이 가만히 있다는 것을 알게 되었고, 아예 그 위에 올라가 장난까지 치게 되었다.

있으나 마나 한 나무토막을 왕으로 모신다는 것에 불만이 생긴 개구리들은 다시 제우스에게 왕을 바꾸어달라고 기도를 올렸다. 지금 모시고 있는 왕은 너무 조용하고 움직이지 않는다는 것이 이유였다. 그러자 제우스는 좋은 것을 모르는 개구리들을 혼내기 위해 물뱀을 보내주었다. 물뱀은 개구리들을 닥치는 대로 잡아먹고 말았다.

이 이야기에는 어떤 의미가 있을까? 다양한 의미가 발견될 수 있다. 우리가 어떤 관점에서 이야기를 보느냐에 따라 다르게 해석된다.

개구리들은 지루함을 참지 못한다, 개구리들은 자신들을 다스려줄 왕을 원한다, 개구리들은 자신에게 주어진 것이 좋다는 것을 알지 못한다 등의 다양한 의미를 발견할 수 있다. 이 중에서 전체 이야기를 살펴봤을 때 가장 괜찮은 의미는 '개구리들이 자신에게 주어진 것이 좋다는 것을 알지 못한다'가 될 것이다. 제우스가 물뱀을 보내 개구리들을 혼내주는 것으로 끝나기 때문이다. 그제야 개구리들은 알게 되었을 것이다. 조용하고 가만히 있는 왕이 좋은 왕이라는 사실을.

개구리들이 지루한 것은 나라가 잘 다스려지고 있어서 세상이 평안하기 때문이다. 그것을 모르는 개구리들은 왕이 용맹하지 못하다고 불평한다. 그러자 새로운 왕이 나타나는데 독재자 혹은 폭군이다. 이것은 우리 인간들에 대한 풍자다. 인간은 자신에게 주어진 것에 만족하지 못한다. 행복해도 행복한 줄 모른다. 온화한 지도자에게는 카리스마가 부족하다고 불만을 품지만, 폭군이 등장하면 옛날이 좋았음을 알게 되고 후회한다.

고대 그리스에 살았던 이솝은 노예였다고 한다. 노예 입장에서 귀족과 권력자들이 사는 모양을 살펴보니 그들의 이중성이 눈에 훤히 보였던 모양이다. 그래서 그들의 우스꽝스러운 생각과 삶의 행태를 비꼬는 이야기를 만들게 되는데, 인간을 등장시키면 권력자들이 알아내게 될 것이 분명해서 동물을 등장시켰다. 이솝의 이야기를 듣는 사람들은 그가 자신의 이야기를 하고 있다는 사실도 모른 채 깔깔거리며 웃었다. 이야기의 의미를 모르고 그것이 자신을 풍자하는 것임을 깨닫지 못하는 인간들의 모습이 눈에 선하다.

이솝 우화는 아이들에게 이야기의 의미를 배우게 해주는 훌륭한 책이다. 아쉬운 점은 이런 멋진 이야기를 아이들이 단순히 재미로 읽고 만다는 점이다. 물론 이야기라는 것은 재미있어야 한다. 책 읽기가 즐겁게 느껴지도록 하려면 재미있는 이야기를 읽히는 것이 좋다. 하지만 공부가 즐거움을 넘어 깨달음으로 이어지려면 의미를 파악할 수 있어야 한다. 우리 독서교육이 의미를 발견하는 공부가 되지 못한다면 아이들이 책에서 즐거움과 깨달음을 얻고 훌륭한 독서가가 되는 일은 요원할 수밖에 없다.

목이 마른 비둘기가 그림 속에 있는 물 주전자를 보았다. 그림이 진짜인 줄 알았던 비둘기는 곧장 물 주전자를 향해서 날아갔다. 결국 비둘기는 그림에 부딪혔고 날개가 찢어져 땅에 떨어졌다. 지나가던 사람이 그 비둘기를 잡아가고 말았다.

학교 교육에서는 이 이야기의 의미를 어떻게 해석할까? 의미를 해석할 때는 문장 속 단어 하나하나를 자세히 살펴려는 노력이 필요하다. 단어 하나에 따라 내용이 달라지는 경우가 많기 때문이다. 이 이야기는 무작정 덤비지 말고 잘 알아본 후에 행동하라는 교훈으로 해석될 가능성이 크다. 하지만 의미를 찾기에 능숙한 아이들은 다르게 해석할 수도 있다. 비둘기가 그림을 향해 날아가게 된 것은 목이 말랐기 때문이다. 목이 마르면 사물을 분별하는 능력이 떨어진다. 평소의 비둘기였다면 그것이 그림이라는 것을 알아봤을

지도 모른다. 그런 점에서 이 이야기는 비둘기의 어리석음에 대한 것이 아니라 목마른 현실이 비둘기를 그렇게 만들었다는 의미로 이해할 수도 있다. 이야기에서 어떤 단어에 집중하느냐에 따라 의미 해석이 달라질 수 있음을 유의해야 한다.

먹을 것이 없어서 굶어 죽게 된 사람이 빵집에서 빵을 훔쳤다고 하자. 빵을 훔치는 일은 잘못된 행동이다. 그는 분명 도둑이며 그것에 책임을 져야 한다. 하지만 배가 고파 죽을 지경이라면 자신의 행동이 잘못된 것인지 따질 여유가 없다. 일단 살고 봐야겠다는 생각이 들기 때문이다. 법에서도 이런 경우는 감경사유가 될 수 있다. 비둘기의 이야기는 이렇게 이해될 수도 있는 것이다.

이처럼 하나의 이야기에는 다양한 의미가 있다. 이야기를 읽는다는 것은 이런 것들을 생각해보는 활동이고 이를 잘할 수 있을 때 독서능력이 탁월해진다. 그러니 이야기를 읽으면서 늘 질문을 해보자. '이 이야기는 어떤 의미가 있을까?'라고 말이다.

인간을 이해하는 힘, 신화의 의미

신화는 아이들이 재미있게 읽는 이야기들 중 하나다. 어른들은 어려워하는 그리스 신들의 이름도 아이들은 쉽게 외운다. 신화는 사람들의 입에서 입으로 전해지면서 만들어진 이야기이기 때문에 그 속에 사람들의 생각이 고스란히 담겨 있다. 그래서 신화를 읽으면 옛사람들의 생각을 알 수 있고 과학적으로도 알 수 없는 미지의 세계에 대한 상상력을 기를 수 있다.

그런데 아이들이 신화를 읽는 모습을 보면 재미에 그치는 경우가 많다. 이야기에서 의미를 찾아내야 하는데 거기까지는 도달하지 못하는 것이다. 그래서 이끌어주는 사람, 가르쳐주는 사람이 필요하다. 사실 신화만큼 이야기의 의미를 공부하기 좋은 것도 없다.

그 속에 사람의 본성과 세상의 원리들이 잘 담겨 있기 때문이다.

디오니소스 신에게는 양아버지이자 스승인 실레노스가 있었다. 한 번은 실레노스가 행방불명이 되었는데, 다행히 농부들이 술에 취해 방황하는 실레노스를 발견하여 자신들의 왕인 미다스 왕에게 데려갔다. 미다스 왕은 실레노스를 후하게 대접해주었고 이 사실을 디오니소스가 알게 되었다.

스승을 잘 대해준 것에 감동한 디오니소스는 미다스에게 그 보답으로 소원을 하나 들어주겠다고 했다. 그러자 미다스는 무엇이든 자기 손에 닿는 것은 황금으로 변할 수 있게 해달라고 했다. 디오니소스는 그의 소원이 어리석은 것임을 알았지만 약속을 했기 때문에 소원대로 해주었다.

그 후 미다스 왕은 손에 닿는 것은 뭐든 황금으로 변하게 만드는 힘을 얻게 되었다. 덕분에 큰 부자가 되었고 무척 기뻐했다. 하지만 문제가 생겼다. 제대로 먹을 수가 없었던 것이다. 빵을 먹으려고 하면 빵이 금으로 변하고, 포도주를 먹으려고 하면 포도주가 금물이 되어 목구멍으로 내려갔다. 심지어 사랑하는 딸을 만지자 딸도 황금으로 변하고 말았다.

미다스는 크게 후회하고는 디오니소스에게 달려가 원래의 자신으로 돌아갈 수 있게 해달라고 애원한다. 자비로웠던 디오니소스는 강으로 가서 몸을 씻으면 금으로 만드는 능력이 사라질 것이라고 알려준다. 미다스 왕이 강물에서 몸을 씻자 금을 만드는 능력이 사라졌다. 그때 미다스 왕의 능력이 강으로 스며들어서 강 속의 모래가 금으로 변하여 지금도 모래 속에 금이 많이 남아 있게 되었다.

유명한 미다스 왕의 이야기다. 이 이야기에는 어떤 의미가 담겨 있을까? 신은 좋은 일을 한 인간의 소원을 들어준다. 하지만 인간은 어리석은 소원을 말하고 결국 그것 때문에 큰 곤란에 직면하게 된다. 미다스 왕은 많은 돈을 가진 부자가 되고 싶었던 모양이다. 자신이 만지는 것이 모두 황금이 될 수 있다면 얼마나 좋겠는가. 하지만 그의 황금손은 불행을 초래하고 말았다. 제대로 먹거나 마실 수 없게 되었고, 사랑하는 사람을 만질 수도 없게 되었다. 결국 사랑하는 딸마저 황금으로 변하는 참변으로 이어졌다.

미다스 왕의 이야기는 결과를 생각하지 못하는 인간의 짧은 안목이라는 의미로 이해될 수 있다. 혹은 지나친 욕망은 파멸을 초래한다는 메시지로 정리될 수도 있을 것이다. 생각이 좀더 깊은 경우라면 세상에는 늘 좋은 것과 나쁜 것이 함께한다는 의미에 닿을 수도 있다. 황금손은 좋은 것이지만 그렇지 못한 면도 있다. 돈이라는 것이 그렇다. 돈이 많으면 하고 싶은 것을 마음껏 할 수 있다. 하지만 돈 때문에 다른 문제들이 생긴다. 돈을 지키려는 마음에 남을 의심하게 되거나 형제간에 재산분쟁이 생길 수도 있다. 유명해진다는 것 역시 좋은 면이 많지만 생활이 불편해지거나 시기하고 질투하는 사람이 생긴다는 부정적인 면도 있다.

옛사람들은 미다스 왕의 이야기를 통해서 좋은 것과 그렇지 않은 면이 공존하는 세상의 진실을 보여주는 것이다. 이처럼 신화는 세상의 원리와 사람의 본성을 공부하는 데 좋은 소재가 될 수 있다. 문제는 신화를 통해서 이런 의미를 발견할 수 있느냐 하는 점이다. 재미를 넘어 의미를 발견할 때 생각이 깊어지고 깨달음과 감동이 생긴다.

한 단계 더 복잡한 신화 속 이야기를 살펴보자.

크레타라는 나라에 사람을 잡아먹는 미노타우로스라는 괴물이 있었다. 미노타우로스는 사람의 몸에 황소의 얼굴을 가진 괴물로 다이달로스가 만든 미궁에 갇혀 있었다. 크레타는 아테네를 점령한 후 그곳의 소녀와 소년들을 바치게 하여 미노타우로스의 먹이로 삼았다.

아버지를 찾아서 모험을 하다가 아테네에서 아버지를 만나게 된 테세우스는 아테네의 소년과 소녀들이 미노타우로스의 먹이로 바쳐진다는 사실을 알게 된다. 용감한 테세우스는 제물이 된 소년·소녀 틈에 끼어들어 괴물을 죽이기 위해 크레타로 잠입한다. 제물들이 크레타에 도착하자 크레타의 미노스 왕과 아리아드네 공주가 나와 그들을 살펴보는데, 아리아드네가 테세우스를 보고 사랑에 빠지고 만다. 미노타우로스가 살고 있는 미궁은 한 번 들어가면 절대 나올 수 없는 곳이었다. 아리아드네는 테세우스를 죽게 만들 수 없었기에, 테세우스에게 실타래를 주면서 미궁에서 빠져나오는 법을 알려준다.

테세우스는 미궁의 입구에 실을 묶어두고 실타래를 풀면서 미궁으로 들어간다. 그리고 미노타우로스를 발견하고 격투를 벌여 목을 베어 죽인다. 미궁에서 빠져나오는 일은 걱정할 것이 없었다. 실을 따라 나오기만 하면 되었기 때문이다. 결국 미궁을 탈출한 테세우스는 아리아드네를 데리고 크레타를 탈출해서 아테네로 떠난다.

유명한 영웅 테세우스와 미노타우로스의 이야기다. 이야기를 많이 읽어본 사람이라면 큰 줄거리가 영웅의 모험을 그린 다른 이야기와 닮았음을 알게 된다. 어느 날 계시를 받은 한 젊은이가 길을 떠났다가 사랑하는 여인과 친구들을 만나게 되고, 이들의 도움을 받아 괴물을 죽이고 승리한다는 이야기다. 이는 예나 지금이나 끊임없이 반복되는 이야기의 기본 구조다.

사람은 태어나고 교육을 받고 자라면서 새로운 도전에 직면해야 하는 순간을 경험한다. 어른이 되려는 순간, 자신이 누군지를 알아내는 순간, 무엇을 하며 살 것인지를 발견하는 순간 등이다. 이런 순간들에는 늘 도전과 모험이 뒤따른다. 테세우스는 괴물을 죽이기 위해서 미궁으로 들어간다. 미궁은 우리가 살아가는 세상처럼 보인다. 어떤 일이 어떻게 일어날지 모르는 낯선 곳, 어떤 존재가 나를 공격할지 모르는 두려운 곳이 세상이다. 이런 세상을 우리는 살아가야 한다. 미노타우로스를 죽이는 일은 삶의 목적 같은 것일지도 모른다. 내가 꼭 해내야 하는 일 혹은 사명이다.

괴물을 죽이는 일은 두려운 일이다. 그런 점에서 괴물을 죽인다는 것을 결국 내 안의 두려움을 이겨내는 것과 관련이 있다. 두려움을 이겨내지 못하면 괴물을 죽일 수 없다. 다행히 우리는 혼자가 아니다. 우리가 올바른 일을 할 때 늘 우리 곁에는 도와주는 이가 있다. 아리아드네 같은 존재들이다. 나를 지지하고 응원해주고 도움의 손길을 놓지 않는다. 때로는 자기 삶이 파괴당하는 위험까지 무릅쓴다.

실타래는 우리가 길을 잃지 않도록 도와주는 무엇이다. 윤리나 도덕일 수도 있고, 책임감일 수도 있다. 삶의 원칙일 수도 있고 스승이 알려준 노하우일 수도 있다. 말하자면 삶의 기준 같은 것으로, 그것이 있을 때 길을 잃지 않을 수 있다. 복잡하고 험난한 인생은 길이 보이지 않는 것 같지만, 실타래가 있다면 길을 잃지 않을 것이며 잃더라도 다시 찾을 수 있을 것이다. 우리가 삶에서 찾아야 하는 것은 이런 실타래다.

이야기의 의미를 정리해보자.

1.특정한 시기가 되면 보다 나은 존재가 되기 위해 모험의 길을 떠

나야 한다.

2. 두려움을 이기지 못하면 자신이 원하는 것을 얻을 수 없다.

3. 올바른 일을 할 때는 반드시 도와주는 이가 있다.

4. 복잡한 인생에서 길을 잃지 않으려면 실타래가 필요하다.

이런 의미들이 아리아드네의 실타래에 담긴 요소들일 것이다. 신화를 처음 읽는 사람이나 아이들은 미노타우로스라는 괴물이 신기하고, 아리아드네의 실타래라는 아이디어가 재미있다는 생각을 한다. 무서운 괴물과 싸우고 두려움을 극복하고 지혜를 발휘해서 승리하는 이야기는 언제 읽어도 매력적인 법이다. 이것이 일반적인 독서의 재미라고 할 수 있다. 하지만 우리가 여기서 살피고자 하는 독서는 그 수준을 넘어서는 것이다. 재미를 넘어 의미를 발견하고 이를 바탕으로 세상을 보는 통찰을 얻는 것이다. 그러자면 다양한 의미를 발견할 수 있어야 한다. 이것을 스스로 할 수 있다면 독서력을 갖춘 사람일 것이다. 그렇지 않은 경우라면 의도적으로 배우고 훈련해야 한다.

아리아드네의 실타래 이야기를 읽고 처음부터 여러 가지 의미를 발견하기는 쉽지 않다. 여러 번 반복해서 읽는다고 해도 얻을 수 있는 의미에는 한계가 있다. 그래서 필요한 것이 배경지식에 대한 공부이고, 더 많은 것을 볼 수 있도록 해주는 스승의 존재다. 검색을 통해서 실타래가 가진 의미를 확장해서 이해하는 것도 하나의 방법이고, 생각이 깊거나 신화에 대한 공부를 해본 사람에게 물어보는 것도 좋은 방법이다.

이렇게 이야기의 의미를 찾기 위해 스스로 질문을 던져보고, 자료를 찾아서 배경지식을 넓히고, 생각이 깊은 사람에게 배우기를 반복하다 보면 이야기의 의미를 이해하는 능력이 향상되고 다른 사람들은 생각하지 못하는 요소들을 통해 새로운 것을 보는 힘을 얻을 수 있다. 신화는 이야기의 의미를 찾아가는 공부에 큰 도움이 되는 중요한 영역이므로, 이를 알고 제대로 공부를 해볼 필요가 있는 것이다.

정답은 없다.
그러나

!

독서모임을 여러 개 운영하면서 느낀 것 중 하나는 대부분 사람이 자신의 생각을 표현하는 데 어려움을 느낀다는 것이다. 책을 읽고 이야기를 시작하려고 하면 다들 조용해진다. 분명히 뭔가 느끼는 것이 있을 텐데 말로 표현하기를 꺼린다. 여러 가지 이유가 있지만 그중 큰 부분을 차지하는 것이 내가 잘 이해한 것일까 하는 의구심이다. 내 생각이 틀릴 수도 있다는 부담이 벙어리를 만드는 것이다.

이런 부담은 의미를 해석하는 부분에서도 그대로 드러난다. 문장을 읽고 느낀 바를 이야기하려니 혹시 내 생각이 잘못된 것이 아닐까 싶은 마음이 든다. 이런 생각이 나쁜 것은 아니지만, 자칫 공부에 대한 자신감을 떨어뜨릴 수 있기 때문에 주의할 필요가 있다. 결론부터 말하자면 문장을 이해하는 데 정답은 없다. 어떤 의미를 찾아내건 그것은 내가 찾아낸 것이고 내가 느낀 것이기에 충분히 가치가 있다.

인문학은 정답을 찾아내는 학문이 아니다. 삶에는 정답이 없고, 당연히 인문학에도 정답은 없다. 대신 질문이 필요하다. 자신에게 필요한 질문을 통해서 그때마다 답을 찾아나가는 것이 우리에게 필요한 인문학 공부다. 그런데도 우리가 정답에 대한 압박을 느끼는 것은 오랫동안 정답을 찾는 공부에 익숙해졌기 때문이다. 정해진 답을 찾아내는 공부는 자기 생각보다는 수업시간에 배운 것을 먼저 찾게 한다. 그것이 떠오르지 않으면 공부를 제대로 하지 않았다는 생각이 들면서 막막해진다. 스스로 생각하고 답을 찾아볼 생각은 하지 못한다. 암기 위주의 공부가 낳은 결과다.

이런 현상을 방지하려면 자기만의 방식으로 읽어나가는 뚝심이 필요하다. 세상이 아무리 정답을 요구한다고 해도 자기 생각대로 읽어가는 연습을 하다 보면 남다른 생각을 할 수 있기 때문이다. 오히려 다른 사람들이 획일적인 정답을 찾으려고 할 때 자기 노력으로 다양한 의미를 찾아낸다면 그것이 더 창의적일 수 있다. 그러려면 먼저 자기만의 노력으로 글을 이해하고 의미를 찾아내려는 노력을 해야 하고, 자신이 발견한 것에 대해 자부심을 가질 수 있어야 한다. 정답은 없다는 사실을 받아들이고, 스스로 떠오르는 다양한 생각을 허용할 수 있도록 자신감을 가져야 한다.

《데미안》에 나오는 다음 문장의 의미를 생각해보자.

"인간은 자연이 던진 돌이다."

이 문장을 어떻게 이해해야 할까? 먼저 자연이 인간들을 태어나게 했다는 뜻으로 이해할 수 있다. 자연을 극복하면서 인간이 되었으니 그렇게 말할 수도 있을 것이다. 또는 '던진'이라는 말에 집중해서 목적의식적으로 만들어졌다기보다는 아무 목적 없이 왔다는 뜻으로 해석할 수도 있다. '돌'이라는 단어에 집중한다면 무척 쓸모없는 존재이긴 하지만 깨고 갈아서 다듬으면 쓸모가 생기기도 하므로 인간은 다듬어야 하는 존재, 어떻게 다듬느냐에 따라 달라질수 있는 존재로 이해할 수도 있을 것이다.

어떤 식으로 이해하든 이런 의미 해석은 틀린 것이 아니라는 사실을 인정할 필요가 있다. 글을 쓴 사람이 어떤 목적으로 이런 말을 했는지는 그 사람만이 알 수 있는 일이고, 우리가 읽고 그런 식으로 이해했다면 거기에는 실제로 그런 의미가 있는 것이다. 글을 쓴 사람도 의도하지 못한 부분이 있을 것이고 그것을 우리가 발견했을 수 있다. 게다가 글쓴이의 목적이 반드시 옳다거나 우리가 꼭 알아야 하는 것도 아니다. 그것을 파악하면 도움은 되겠지만 그렇지 못해도 괜찮은 것이다.

작가들은 작품을 세상에 '던진다'고 표현한다. 작가들이 던진 작품을 읽고 해석하는 것은 작가가 아닌 독자의 몫이다. 독자가 작가의 의도와는 전혀 다른 방향으로 이해한다고 해도 어쩔 수 없다. 작품의 이해와 해석은 독자의 몫이기 때문이다. 작품은 작가가 던진 돌과 같다. 그 돌은 사람들이 어떻게 받아들이느냐에 따라 의미가 결정된다. 내가 읽은 것이 작가의 의도 혹은 다른 사람들의 생각과 다르게 이해된다 해도 그것은 잘못된 것이 아니다. 나 스스로 생각해서 판단했다는 점이 중요하다. 이런 자신감으로 글을 대해야 의미 찾기에 익숙해질 수 있다.

하지만 이야기를 해석하면서 발견되는 의미들 중에는 보다 깊이 있는 것, 보다 가치 있게 생각되는 것이 있기 마련이다. 같은 이야기를 해석해도 색다르게 해석하거나 본질을 꿰뚫어보는 생각들이 그런 것들이다. 그래서 이야기의 의미를 찾아내는 데 익숙해진 후에는 보다 깊은 의미, 본질적인 의미를 찾기 위해 노력해야 한다. 인터넷에서 개념을 검색해보거나 관련 자료를 찾아보는 일들은 깊이 있는 의미를 찾는 데 도움을 주는 활동들이다. 물론 다른 사람의 생각들을 찾아보는 것도 도움이 된다. 이때 주의할 것은 스스로 의미를 찾아본 후에 다른 사람들의 생각을 살펴봐야 한다는 것이다. 그래야 다른 사람의 생각과 의미를 더 잘 이해할 수 있고 자기 생각과의 관계도 알 수 있다.

《데미안》을 읽은 사람이라면 누구나 기억하는 문장이 있다.

"새는 알에서 나오려고 투쟁한다. 알은 세계이다. 태어나려는 자는
하나의 세계를 깨뜨려야 한다. 새는 신에게로 날아간다. 신의 이름
은 아프락사스."

—《데미안》, 헤르만 헤세 저, 민음사(이하《데미안》의 인용은 모두 이 책을 따름)

이 문장에서 새는 새로운 세상으로 나오려는 인간을 비유한다. 자신의 생각 혹은 기존 사회가 만든 생각을 깨뜨리면서 새로운 세상으로 나오는 것이 성장이다. 이런 내용으로 새와 알의 의미를 해석할 수 있다. 여기까지는 책을 읽으면서 무슨 의미가 있는지를 생각해보면 어느 정도 알 수 있는 것들이다. 이런 노력을 한 후에도 해결되지 않는 문제가 있다. 아프락사스가 그것이다. 아프락사스는 아무리 생각해도 알 수 없는 단어다. 이때 필요한 것이 인터넷 검색이다.

인터넷을 살펴보면 아프락사스는 머리는 수탉이고 몸은 인간이며 꼬리는 뱀인 존재로 설명된다. 모양이 여러 존재를 통합한 것이듯 그 의미 또한 하나가 아니라 통합된 존재를 의미한다. 칼 융은 아프락사스를 삶과 죽음, 선과 악, 밝음과 어둠 등 양극을 포괄하는, 혹은 선과 악의 너머에 있는 어떤 신성한 것으로 보기도 했다. 아브라카다브라, 우리말로 하면 수리수리 마수리쯤 되는 주문도 아프락사스라는 말에서 나온 것이다.

이렇게 검색을 통해 《데미안》에서 말하는 아프락사스가 어떤 의미를 가지는지 해석해보는 노력이 필요하다. 단어의 의미를 찾아보면 문장의 의미가 좀더 명확해지고, 알지 못했던 부분도 이해하게 된다.

문장의 의미는 읽는 사람의 경험과 지식의 정도에 따라 달라질 수 있기에 정답이 있는 것이 아니다. 그렇다고 문장을 아무렇게나 해석해버리는 것 또한 분명 잘못이다. 자신의 경험과 지식에 기대어 의미를 발견하기 위해 노력한 후에, 검색을 통해 단어의 의미를 보다 명확히 확인해보고 다른 사람들의 의미 해석을 읽어가다 보면 좀더 나은 해석에 도달할 수 있다. 이때 생각이 확장되는 경험을 얻고 어느 것이 보다 좋은 의미인지를 발견하게 된다.

의미 찾기 연습: 《데미안》

저자가 말하고자 하는 바를 이해하는 것은 중요한 일이다. 하지만 그런 공부는 책에 대한 이해를 깊게 해주는 장점이 있는 반면, 자기 방식으로 책을 읽거나 책 읽는 재미를 느끼게 하는 데는 한계가 있다. 그런 역할은 책에서 감동적인 문장을 발견하고 의미를 해석하는 것에 맡기는 편이 훨씬 나을 것이다. 문장을 발견하는 데 익숙해지고 의미 해석이 다양해지면 저자가 의도한 것은 물론이고 스스로 생각해낼 수 있는 창의적인 해석도 가능해진다.

《데미안》을 읽으면서 발견한 매력적인 문장들을 통해서 그 의미를 해석해보자.

"두 번째 세계 속에는 하녀들과 직공들이 있고 유령 이야기들과 스캔들이 있었다. (…) 어디서나, 어머니 아버지가 계시던 우리 집안에서만 빼고는 어디서나 이 격렬한 두 번째 세계가 솟아 나오고 향기를 뿜었다. 그리고 그것은 아주 좋았다."

두 번째 세계에 대한 싱클레어의 호기심을 표현한 문장이다. 부모님의 품이라는 밝고 안전한 세계가 아닌 어둡고 음침한 세계를 발견한 사람은 그 세계의 매력에 빠질 수밖에 없다. 부모님보다 친구들과 노는 것이 더 좋아지는 나이가 된 것이다. 이 문장의 매력은 아주 좋았다는 말에 있을 듯하다. 하녀들과 직공들과 유령 이야기들과 스캔들 같은 조금은 어두울 수 있는 이야기들이 '아주 좋았다'라는 문장에서 반전된다. 낯설고 두려우면서도 매력적인 세계, 그것이 두 번째 세계였다.

"누구도 두려워할 필요 없어. 누군가를 두려워한다면, 그건 그 누군가에게 자기 자신을 지배할 힘을 내주었다는 것에서 비롯되는 거야. 예를 들면 뭔가 나쁜 일을 했어 봐. 그리고 상대방이 그걸 알고. 그럴 때 그가 너를 지배하는 힘을 가지는 거야."

사람의 눈을 똑바로 바라보지 못할 때가 있다. 그에게 지배권을 넘겨주었을 때다. 그가 내 마음을 아는 것 같거나 실제로 알고 있는 경우 그의 눈치를 보게 된다. 그때 우리는 지배권을 넘겨주고 노예의 삶을 살게 된다. 반대로, 해야 할 일을 당당하게 하고 정정당당하게 행동한다면 약점을 잡히거나 지배권을 내어줄 일이 없어진다. 누구든 두려워할 필요 없이 떳떳하고 통쾌하게 살아갈 수 있다.

"지금은 알고 있다. 자기 자신에게로 인도하는 길을 가는 것보다 더 인간에게 거슬리는 것이 세상에 아무것도 없다는 것을!"

자기 자신에게 가는 길이 가장 힘들다. 그것은 아무도 데려다줄 수 없는 곳에 있기 때문이고, 사람들이 위험하다고 말하는 곳이기도 하며, 온갖 이익을 포기해야 하거나 남들보다 뒤처질지도 모른다는 두려움을 이겨내야 하기 때문이다. 그래서 자기에게로 가는 길이 당연한 것인데도 인간에게는 무엇보다 거슬리는 길이 된다.

"나방은 자기에게 뜻과 가치가 있는 것, 자기가 필요로 하는 것, 자기가 꼭 가져야만 하는 것, 그것만 찾는 거야. 그리고 바로 그렇기 때문에 믿을 수 없는 일도 이루어지는 거지. 그는 자기 외에는 다른 동물은 갖지 못한 마법의 제6감을 개발하는 거야!"

나방이 나방이 되기 위해서는 매미가 되거나 참새가 되려고 해서는 안 된다. 나방에게는 나방의 것이 있고 오직 그것만을 찾고 추구해야 한다. 그럴 때 온전한 나방으로 살아갈 수 있다. 이것저것 되고자 하는 것은 많으면서 나답게 살아가려 하지 않는 나를 돌아보게 하는 문장이다.

"자네를 날게 만든 도약, 그것은 누구나 가지고 있는 우리 위대한 인류의 재산이지. 그것은 모든 힘의 뿌리와 연결되어 있다는 느낌이지. 그러나 그러면서도 곧 두려워져! 그것은 빌어먹게도 위험하지. 그래서 대부분의 사람들은 저렇듯 차라리 날기를 포기하고 법 규정에 따라 인도 위를 걷는 쪽을 택하지."

인간은 인간이 되려고 했기 때문에 인간이 될 수 있었다. 사자의 발톱이 아닌, 독수리의 날개가 아닌, 다람쥐의 재빠름이 아닌 인간만의 것을 추구했기 때문에 인간이 되었다. 자유로운 두 손과 두 발, 생각하기 위한 노력, 불편한 협력을 참아내며 함께 살아가는 방식을 선택했다. 덕분에 우리는 지금의 우리가 되었다. 인간이 되려 했던 동물은 무척 두려웠으리라. 동물의 특권을 포기해야 했으니. 동물의 특권을 포기하지 못하고 인간들 속으로 숨어들려는 사람들은 자기에게로 난 길로 접어들 수 없다. 자신의 날개를 펴는 대신 평범한 사람들 속에서 겨우 먹고사는 것에 집착하며 오늘을 연명할 것이다. 그러면서도 '왕년에 내가…' 같은 말들을 술자리에

쏟아 붓고 있을 터이다.

"예감들이 떠오르고 자네 영혼 속에서 목소리들이 말하기 시작하
거든 곧바로 자신을 그 목소리에 맡기고 묻질랑 말도록. 그것이 선
생님이나 아버님 혹은 그 어떤 하느님의 마음에 들까 하고 말이야.
그런 물음이 자신을 망치는 거야. 그런 물음들 때문에 인도(人道)
로 올라서는 것이며 화석이 되어가는 거지."

나를 이끄는 소리, 황홀경에 빠지는 순간, 매력적인 것을 만난 경
험, 몰입으로 시간을 잊어버린 동안 우리는 우리 안의 영혼들과 만
난다. 그 목소리, 그 길을 따를 때 나에게 도달한다. 하지만 우리는
'과연 이 길이 옳은 걸까', '먹고살 수는 있을까?', '더 편안한 길이
있지 않을까?'라며 비교하고 분석한다. 그러는 동안 자신의 길을
포기한 사람들이 가는 평범한 길로 접어들게 되고 펄떡이는 물고
기가 아니라 죽은 화석이 되고 만다.

"정말로 자신의 운명 말고는 아무것도 원하지 않는 자, 그에게는 그
때부터는 자기 비슷한 사람이 없어. 완전히 홀로 서 있지. 주위에는
오직 차가운 우주뿐이지."

세상에서 나와 같은 존재는 오직 나뿐이다. 하지만 우리는 수많

은 복제된 나를 만난다. 같은 드라마를 보고, 같은 사이트를 검색하고, 똑같은 교육을 받고, 똑같은 방식으로 일을 하는 우리는 모양만 달랐지 복제인간과 다를 것이 없다. 저마다 나를 행복하게 만들어줄 것이라고 믿는 돈과 멋진 자동차와 큰 집을 향해 달려간다. 자기 운명을 원하는 자, 자기가 되려는 자는 오직 하나뿐이다. 나와 같은 사람은 있을 수 없기 때문이다. 그러니 내 길을 가자. 내가 하고 싶고, 되고 싶고, 바라는 일을 하자. 그때 나는 나일 수 있고 독특한 개성을 가진 유일한 인간이 될 수 있다.

"자기 자신과 하나가 되지 못하기 때문에 불안한 거야. 그들은 한 번도 자신을 안 적이 없기 때문에 불안한 거야."

나는 아직 나와 하나가 되지 못했다. 한 번도 나를 제대로 만난 적이 없고 내가 누군지를 알지 못한다. 이것은 불안을 불러온다. 이런 불안을 잊기 위해 사람을 만나고 시끄럽게 떠들고 바깥의 것에 관심을 가진다. 패거리를 만들고 정당을 세우고 위대한 이상을 선언한다. 하지만 마음의 불안은 어쩔 수 없다. 온전한 내가 되기 전까지는 불안과 두려움 속에서 살아야 한다.

"자신의 꿈을 찾아야 해요. 그러면 길은 쉬워지지요. 그러나 영원히 지속되는 꿈은 없어요. 어느 꿈이 새 꿈으로 교체되지요. 그러니 어느 꿈에도 집착해서는 안 됩니다."

중학교 시절에는 선생님이 되고 싶었다. 학생들에게 내가 좋아하는 것을 알려주고 같이 이야기하고 싶었다. 꿈이 정해지자 생활에 질서가 생겼다. 하지만 곧 선생님이 그렇게 호락호락한 직업이 아니라는 것을 알게 되었고 꿈은 사라졌다. 그 후에는 기자가 되고 싶었고 시인이 되고 싶었고 교수가 되고 싶었다. 그렇게 꿈은 바뀌었고 결국 도달한 곳은 겨우 밥벌이할 수 있는 직장이었다.

"인류가 가는 길에 영향력을 발휘했던 사람들은 모두가 하나같이, 그들에게 닥친 운명을 받아들일 자세였기 때문에, 오로지 그 때문에 능력을 발휘하고 영향을 미칠 수 있었어."

자신에게 닥친 운명을 받아들이는 자세라는 말이 무슨 뜻일까? 넬슨 만델라는 흑인차별이라는 불합리한 정책에 대항하는 일을 자신의 운명으로 받아들였다. 마더 테레사는 서른여섯 살이 되던 해 기차 안에서 '거리로 나와 가난한 사람들을 돌보라'는 신의 목소리를 들었고, 그것에 자신을 던졌다. 의과대학을 졸업하고 화려한 미래가 보장되는 의사가 될 수 있었던 체 게바라는 자기 안의 목소리를 배신할 수 없어 혁명의 길로 뛰어들었다. 그들은 자신의 이익과 생명을 돌보는 대신 큰 고통이 기다리는 삶으로 당당히 들어섰다. 자신의 운명을 받아들였고 그로 인해 세상에 영향력을 미칠 수 있었다. 내 안에 이르는 길로 가는 것은 그들이 운명을 받아들이려는 것과 다를 것이 없다.

> "유럽은 온 세계를 획득했는데, 그러느라 자신의 영혼을 잃어버리고 말았던 것이다."

그리스와 로마에서 시작된 유럽의 문명은 마케도니아 알렉산드로스 대왕에 의해 유럽 각지로 퍼져나갔다. 그리고 중세를 넘고 지리상의 발견과 제국주의 시대를 통해 세계를 지배한다. 하지만 그 과정에서 유럽은 자신들의 영혼을 잃어버렸다. 기술과 과학은 발전했지만 정신은 성장하지 못했다. 그런 까닭에 기술과 과학은 인간에게 재앙이 되고 말았고 세계대전이라는 참사로 이어졌다. 《데미안》에서 싱클레어가 참전하는 전쟁은 제1차 세계대전이다. 시간은 흘렀지만 여전히 우리는 과학과 기술에 대한 환상에서 벗어나지 못하고 있다.

> "이제는 우리들 누구나 큰 수레바퀴 안으로 들어와 버렸어."

전쟁이 터지자 데미안이 한 말이다. 역사의 수레바퀴, 시대라는 배경에서 자유로운 사람이 있을까? 그것은 불가능한 일이고 바람직한 일도 아닐 것이다. 이 말은 자신의 운명을 받아들이자, 시대가 원하는 일이 있다면 당당히 나가서 하자는 의미로 느껴졌다. 자신의 이익만 생각하면서 조금만 손해 보는 일이 생겨도 뒷걸음질 치는 우리에게 데미안은 그러지 말라고 말하고 있다. 나아가야 할 때 물러나는 것은 부끄러운 일이며 역사의 심판을 받게 될 것이다. 역사가 심판하지 않아도 우리의 양심이 용납하지 않을 것이다.

이런 문장들에 대한 의미 해석이 어렵게 느껴질지도 모르겠다. 이것은 두 가지 이유 때문일 것이다. 하나는 의미를 해석하는 데 익숙하지 않기 때문이고 다른 하나는 앞뒤 이야기를 생략한 채 문장만 들여다보았기 때문이다. 문장의 의미를 제대로 발견하려면 문장의 앞뒤 내용을 함께 살펴봐야 한다. 이렇게 문장에 집중해서 읽어보고 이해가 안 되면 큰 느낌만 가지고 지나갈 필요도 있다. 다음 단락이나 내용을 읽으면서 앞의 내용과 비교해보면 이해가 되는 경우가 많기 때문이다. 그래도 이해가 되지 않는 경우라면 아직 독서에 대한 배경지식이나 문장 이해력이 부족한 것이므로 좀 더 수월한 책들을 읽어보는 것이 좋다. 독서력이 쌓이면 어려운 문장에서 의미를 발견하는 일도 수월해질 것이다.

고사성어에서
의미를 줍다

오자서는 초나라 사람이다. 그의 집안은 대대로 초나라에 충성을 다하여 아버지 오사는 태자를 가르치는 스승인 태부(太傅)의 자리에 있었다. 충신이 있으면 간신도 있는 법, 오사를 보좌하는 소부(小傅)의 비무기라는 자가 그였다. 하루는 비무기가 진나라의 공주를 태자비로 맞이하기 위해 갔다가 공주가 미녀라는 사실을 알게 됐다. 그는 초나라 평왕에게 공주를 왕이 차지하고 태자에게는 다른 여자를 골라주라고 주청한다. 이 일로 비무기는 왕의 신임을 얻어 중용되는데, 나중에 태자가 이 사실을 알게 되면 자신에게 해가 돌아올 것을 알고 태자를 모함하기 시작한다.

변방으로 내쳐진 태자를 계속 모함하던 비무기는 태자가 난을 일으킬 것이라는 거짓말까지 하기에 이른다. 이를 확인하기 위해 평왕은 태부 오사에게 사실을 확인하는데, 오사는 오히려 비무기가 거짓말을 하고 있으니 그를 멀리해야 한다고 간언한다. 이제 필사적이 된 비무기는 태자가 곧 정변을 일으킬 것이라고 모함하고 평왕으로부터 태자를 죽이라는 명을 이끌어낸다. 하지만 미리 이 사실을 안 태자는 탈출하고, 애꿎은 오사만 사로잡혀 큰아들 오상과 함께 죽임을 당한다. 둘째 아들이었던 오자서는 탈출하여 여러 나라를 전전하다 오나라에 정착하고 복수의 때를 기다린다.

기다리면 기회는 오는 법, 오나라 왕 합려는 오자서와 손무 등의 조언으로 초나라를 공격하기로 하고 여러 나라와 연합하여 총공세에 돌입한다. 파죽지세로 초나라를 점령한 오자서는 자신의 원수 평왕의 아들인 소왕을 잡으려 했으나 놓치고 만다. 이에 분한 마음을 억누르지 못하고 평왕의 무덤을 파헤쳐 시체를 꺼낸 후 삼백 번이나 채찍질을 한다.

달아났던 초나라의 대부 신포서(申包胥)가 사자를 보내 "그대는 예전에 평왕의 신하로서 몸소 그를 섬겼는데 어찌 죽은 사람을 욕보이느냐"고 오자서를 나무랐다. 이 말을 들은 오자서는 이렇게 말한다.

"부디 신포서에게 잘 전해라. 해는 지고 길은 멀어 앞뒤를 분간할 겨를이 없다고."

복수의 일념으로 불타오르던 오자서는 앞뒤를 분간하여 옳고 그름을 따질 처지가 아니었던 것이다. 오자서가 남긴 이 말에서 일모도원(日暮途遠)이라는 고사성어가 나왔다. 일모도원은 해는 지고 날은 저물었는데 가야 할 길은 먼 상황을 뜻한다.

오자서를 알게 된 것은 고등학교 시절에 읽은 《소설 손자병법》이라는 책 덕분이었다. 아버지와 형을 잃고 타국을 전전하다가 어렵게 정착하여 학수고대하던 복수를 완성하는 이야기가 손자병법의 주인공 손무의 이야기와 함께 환상적으로 펼쳐졌다. 그리고 멋진 고사성어들을 얻었다. 이야기는 자연스럽게 고사성어의 세계로 나를 안내했고 그 매력에 빠져들었다. 고사성어와 친해지게 된 것은 책의 도움도 컸지만 학창 시절 선생님들의 영향도 컸다.

운이 좋았는지 학창 시절 좋은 말씀을 해주시는 선생님들을 많이 만났다. 고사성어를 들려주시던 선생님도 계셨고, 《제3의 물결》 같은 당시 앞서가는 지식인들과 책에 대한 이야기를 들려주신 분도 계셨다. 덕분에 세상과 인생에 대해서 생각할 기회를 자주 얻었는데 수업시간에 그런 이야기를 듣는 것이 무척 즐거웠다. 좋은 이야기를 들으면 그것에 대해서 알아보고 싶어졌고, 그래서 고사성어 모음집도 사서 읽게 되었다. 청소년 시절 독서에 재미를 붙이게 한 중요한 계기가 바로 고사성어 모음집이었다.

고사성어 모음집에는 수백 개의 고사성어와 이야기가 실려 있다. 대부분 오래된 이야기들인데 주인공과 사건이 엮여 있고 이를 통해서 갈등과 갈등의 해결이 드러나는 이야기 구조로 되어 있다. 갈등이 있다는 것은 이야기에 평범한 사람들도 공감할 수 있는 요소와 함께 재미가 있다는 뜻이다. 여기에 인생에서 배워야 할 중요한 교훈들까지 담겨 있으니 독서가 즐거운 경험일 수밖에 없다.

일모도원, 해는 지는데 갈 길은 멀다. 꼭 우리 일상 혹은 인생을 말해주는 것처럼 들린다. 해야 할 것은 많고 시간은 부족한 것이 일상이고 삶이 아니던가. 오자서가 던진 한마디 말이 우리 삶의 단면을 잘 보여준다.

"부드러움은 강함을 제어하고, 약함이 강함을 제어한다. 부드러움은 덕이고 강함은 적이다. 약함은 사람들의 도움을 받고, 강함은 사람들의 공격을 받는다."

유능제강(柔能制剛),《삼략(三略)》에 나오는 말이다. 부드러운 것은 휘어지기에 부러지지 않는다. 반면 강한 것은 큰 힘이 가해지면 결국 부러지고 만다. 인생도 이와 같아서 세상의 흐름을 잘 읽고 사람들과의 관계에서 부드러움을 발휘한다면 큰 힘을 얻을 수 있을 것이다.

"인간의 욕심은 끝이 없소. 이미 농 땅을 얻었는데 어찌 촉 땅까지 바라겠소?"

득롱망촉(得隴望蜀). 조조는 군사를 일으켜 한중을 차지하고 농 땅까지 빼앗았다. 그러자 사마의가 조조에게 더 진격할 것을 주장했다. 이때 조조가 한 말이 득롱망촉이다. 욕심이 끝이 없으니 여기서 만족하겠다는 뜻이었다. 득롱망촉은 끝없는 인간의 욕심을 표현하는 말이다.

이처럼 고사성어는 우리가 평소에 생각하지 못하는, 혹은 자주 잊어버리는 중요한 삶의 원리들을 재미있는 이야기로 들려준다. 이 야기와 의미의 만남이 이곳에서 이루어진다. 그 매력을 만난 사람은 이야기에 빠져든다.

물론 모든 고사성어가 재미있고 매력적인 것은 아니다. 어떤 이 야기들은 시시해서 별다른 재미와 의미를 발견하지 못하기도 한다. 하지만 특별한 의미로 다가오는 것들은 있다. 열 개 중 하나만 찾아내도 성공이다. 이런 경험은 이야기와 책에 가까워질 수 있는 계기가 되어준다.

"고사성어나 명언, 명구는 누군가를 설득해야 할 때 간명하게 상대를 감동시키는 힘이 있다. 일상생활의 대화 속에서도 화제의 핵심이나 상황을 한마디로 압축하는 데 결정적인 역할을 한다. 제때 제자리에 쓰인 고사성어, 명언, 명구는 말이 지나간 뒤에도 깊은 여운을 전하는데, 거기에 깃든 세상과 사람을 향한 지혜와 통찰력 덕분이다."

김수영 선생의 표현처럼 고사성어와 명언의 매력은 간명하다는 데 있다. 길지 않은 한 문장 혹은 몇 글자 속에 인생이 담겨 있다. 그리고 그 안에 깊고 재미있는 이야기가 숨겨져 있다. 이야기는 아주 오래전부터 우리 인간들의 생각을 만들어주는 역할을 해왔다. 세상에 대한 두려움을 극복하기 위해 사람들은 이야기를 만들어냈고, 이야기를 통해 위안을 얻었다. 신화, 민담, 전설 같은 것들이 그것이다. 사람들은 이야기를 지어내면서 세상을 이해했고 알 수 없었던 것들에게 상상의 날개를 달아주었다. 고사성어는 이야기가 지닌 매력에 인생의 통찰이라는 교훈이 덧붙여진다. 신화는 의미를 해석하는 데에는 어려움이 있지만, 고사성어는 뜻이 선명하기 때문에 큰 어려움이 없다. 그런 점에서 고사성어는 의미를 이해하고 배우는 데 중요한 소재가 될 수 있다.

고사성어 공부가 도움이 되는 이유를 정리해보면 다음과 같다.

1. 고사성어는 한 인물의 삶을 통해 우리 삶을 간접적으로 돌아보게 한다.
2. 극적인 갈등의 순간이 존재하고, 이를 통해 문제의 중요성이 드러난다.
3. 갈등이 해소되는 순간에 깨달음이 찾아오고, 이를 통해 인생의

원리를 발견할 수 있다.

4. 깨달음의 순간을 한 문장 혹은 네 글자로 정리해서 기억할 수
   있다.

고사성어를 통해 어떻게 의미를 발견할 수 있을까?

그 비결은 이야기에 깊이 빠져드는 것이다. 그리고 핵심 문장, 특
히 이야기의 마지막 문장에 집중하는 것이다. 고사성어는 옛날이
야기들이고 모든 이야기는 갈등구조를 가지기 마련이다. 누군가
가 어떤 문제로 고민하고 갈등하는 순간이 있다. 그리고 그 순간이
해소되거나 의미로 이어지게 하는 연결 요소들이 있다. 갈등만 존
재하는 이야기는 이야기로서의 가치가 떨어진다. 고사성어가 담긴
이야기를 읽을 때는 갈등이 해소되는 순간을 잘 포착해야 한다. 그
때 중요하고도 새로운 의미가 발견될 수 있기 때문이다. 갈등이 해
소되면서 깨달음으로 이어지는 문장이 바로 핵심이며, 특히 마지
막 문장이 그 역할을 하는 경우가 많다. 그 순간의 깨달음을 요약
한 것이 고사성어와 명언이다.

이야기를 읽을 때는 이 점을 잊지 말자. 갈등의 내용과 그것이
해소되는 시점에서 던져진 문장에 핵심이 있다. 포인트를 잘 짚으
면 고기를 잡을 가능성이 커지는 법이다.

고사성어의 포인트 찾기: 《논어》

견리사의(見利思義), '이익을 보면 올바름을 생각하라'라는 뜻이다. 자로가 완성된 인간에 대해서 묻자 공자가 한 말의 일부다. 우리에게도 익히 알려진 문장인데, 뜻은 알지만 누가 어디에서 한 말인지는 모르는 경우가 많다. 그 출처가 바로 《논어》의 〈헌문편〉이다.

《논어》에는 우리 귀에 익숙한 고사성어가 수도 없이 담겨 있다. 그런 점에서 《논어》를 읽고 이해하면서 고사성어를 발견하는 재미는 빼놓을 수 없는 독서의 즐거움이다. 이야기도 읽고, 공자의 철학도 배우고, 고사성어도 얻는 일석삼조의 효과가 있는 것이 《논어》 공부다. 게다가 고사성어는 우리의 중요한 과제인 문장의 의미를 발견하는 연습을 하기에 더없이 좋은 소재가 된다. 본격적으로 《논어》 속 고사성어들을 통해서 의미를 발견하는 공부에 들어가 보자.

다른 이야기들과 마찬가지로 고사성어에서 의미를 발견하는 방법은 의미와 연결되는 포인트를 찾아내는 것이 중요하다. 이야기는 대개 마지막에 포인트가 있으니 그곳에 집중하면서 의미를 해석하다 보면 좋은 결과를 얻기가 쉽다.

> "길에서 듣고 길에서 말하는 것은 덕을 버리는 것이다(道聽而塗說, 德之棄也)."

〈양화편〉에 나오는 말이다. 길거리에서 들은 것을 길거리에서 말한다는 것은 남에게 들었던 이야기를 생각해보지 않고 다른 사람들에게 옮긴다는 뜻이다. 남의 말을 들었으면 그것이 옳은 말인지 혹은 도움될 만한 게 있는지를 잘 생각해보고 자기에게 도움이 되도록 활용해야 하는데, 그런 노력 없이 그냥 건성으로 듣고 남에게 옮기는 것은 바람직하지 않다는 의미가 담겨 있다. 생각해보지 않는 지식이 무슨 도움이 되겠는가. 이를 일컬어 도청도설(道聽塗說)이라고 한다.

사실 도청도설에 대한 이야기의 기원은 따로 있다.

옛날 어느 마을에 애자(艾子)와 모공(毛空)이라는 사람이 살았다. 애자는 제자들이 많이 따르는 사람이었고 모공은 허송세월하는 한량이었다. 모공은 은근히 자기가 애자보다 박식하다고 생각하고 있었고, 사람들에게 자신이 더 뛰어나다는 것을 알리고 싶은 마음이 간절했다.

어느 날 모공이 시장에 나왔다가 두 사람이 이야기를 나누는 것을 엿듣게 되었다. 그들의 이야기는 모공이 한 번도 들어보지 못한 놀라운 것이었다. 모공은 애자에게 자신이 들은 이야기를 들려주면 자신의 지식을 자랑할 수 있을 것 같아 한걸음에 애자의 집으로 달려갔다.

"내가 잘 아는 집에 오리 한 마리가 있는데, 글쎄 그 오리가 한 번에 이백 개의 알을 낳았다네. 자네는 이 사실을 아는가?"

모공은 자신이 놀라운 사실을 안다는 것을 자랑하듯 어깨에 힘을 주며 말했다. 그런데 애자는 전혀 놀라지 않고 이렇게 물었다.

"도대체 오리가 얼마나 크길래 한 번에 이백 개의 알을 낳는단 말인가?"

"오리의 크기가 알의 수와 무슨 상관인가? 말(馬)은 몸집이 커도 알을 한 개도 못 낳지 않는가?"

모공이 아는 척 거들먹거리며 애자의 질문에 답했다.

"이백 개의 알을 모으면 보통 오리보다 훨씬 큰데 어떻게 오리가 이백 개나 되는 알을 낳는단 말인가? 그건 말이 되지 않는 소리네."

애자가 계속 의문스럽다는 듯 질문을 던지자 안 되겠다 싶었던지 모공이 새로운 이야기를 꺼냈다.

"글쎄 어떤 사람의 집에 큰 고깃덩어리가 하늘에서 툭 떨어졌는데, 그 길이가 20장(丈: 1장은 10척, 즉 3미터가량을 말함)에 너비 또한 20장이나 된다고 하더군."

모공은 이 이야기를 자기 혼자만 안다는 듯이 자랑스럽게 떠벌렸다. 이번에도 애자가 의심스럽다는 듯 질문을 던졌다.

"그건 말이 안 되는 소리네. 그 정도의 고기라면 소 한 마리보다 훨씬 큰데 그런 고기가 어떻게 하늘에서 떨어진단 말인가? 도대체 오리는 누구 집 오리이며 고기는 무슨 고기인가? 그것이 누구 것이고 어느 집에 떨어진 것인지 말해준다면 내가 믿겠네."

애자가 다그쳐 묻자 모공은 어쩔 수 없이 길에서 사람들이 하는 이야기를 들은 것이라고 털어놓았다.

그 후 애자는 제자들을 불러놓고 모공처럼 도청도설하지 말라고 가르쳤다.

이 이야기의 의미는 무엇일까? 도청도설의 뜻으로 봐서는 남의 말을 깊이 생각하지 않고 퍼뜨린다는 의미로 이해될 것이다. 모공은 자신이 들은 이야기가 옳은지 혹은 믿을 만한 것인지 생각해보지 않고 지금까지 들어보지 못한 이야기라는 것에만 매몰되어 그것을 자랑하듯 남에게 옮겼다. 그런 점에서 도청도설의 핵심은 이야기를 옮긴다는 것보다는 생각하지 않고 쉽게 믿는다는 점이 더 강조되어야 할 듯하다.

만약 남의 이야기를 쉽게 믿고 여기저기 옮기다가는 빈축을 사기 쉽다는 식으로 의미를 이해한다면, 생각 없이 이야기를 믿는다는 것보다는 이야기를 옮긴다는 쪽에 무게가 실릴 것이다. 남의 이야기를 생각 없이 쉽게 믿는다는 것만으로는 빈축을 살 만한 일이 아니기에 그것을 남에게 옮기다가 결과적으로 그렇게 되었다는 것이 더 강조되기 때문이다.

어쨌든 이 이야기는 자랑하기 위해 지식을 익히려는 사람은 길에서 들은 지식을 생각 없이 수용하게 되고 그 결과 남들의 웃음거리가 된다는 다양한 의미로 이해될 수 있을 것이다.

그런 점에서 포인트가 되는 지점도 여러 가지가 될 수 있다. 자신의 뛰어난 점을 보여주고 싶었다는 부분, 길에서 들은 이야기가 놀라운 것이었다는 부분, 애자가 제자들에게 모공처럼 도청도설하지 말라고 가르치는 부분이 포인트가 될 수 있다. 이렇게 포인트를 찾아내면 그 부분의 내용이나 문장이 도드라져 보이고 내용이 더 매력적으로 느껴진다. 이 포인트가 이야기를 더욱 잘 이해하게 하는 맥의 역할을 하기 때문이다. 이처럼 포인트, 맥을 짚으면 이야기가 한층 재미있게 느껴지고 교훈을 찾아내기가 수월해진다.

이야기나 고사성어에서 의미를 발견하는 두 번째 방법은 관련된 사례나 경험을 떠올려보는 것이다. 모든 공부에서 중요한 것은 이론과 현실의 연결이다. 공부가 공부로 끝나는 것은 이론이 현실과 연결되지 못하고 머릿속에만 남기 때문이다. 우리 교육의 문제가 여기에 있다. 선생님들은 아이들에게 지식을 알려주기 위해 열심히 수업을 하고 아이들은 그것을 외운다. 그것을 잘 기억하고 시험에서 답을 잘 찾는 아이가 좋은 성적을 받고 좋은 대학에 간다. 이런 교육문화가 널리 퍼져 있다 보니 공부가 실효성이 없이 현실과 동떨어진 것으로 인식되어버린다. 이 문제를 극복하는 방법은 하나뿐이다. 우리 스스로 읽고 배운 것들을 현실과 연결하려는 노력!

"군자는 화이부동(和而不同)하고 소인은 동이불화(同而不和)한다."

〈자로편〉에 나오는 문장이다. 군자는 서로 화합하나 같지 아니하고, 소인은 서로 같으나 화합하지 못한다. 이 문장은 서로의 차이를 인정하는 것이 중요하다는 사실을 알려준다.

이 문장의 의미를 구체적으로 찾아내는 방법은 생활 속의 사례를 생각해보는 것이다. 서로 다르면서도 화합하는 경우로는 어떤 것이 있을까? 서로의 차이를 인정해줄 때다. 조직에서는 서로 의견이 다른 경우가 많다. 일에 대한 관점에서부터 점심 메뉴까지 같은 점보다 다른 점이 더 많다. 이런 때 서로의 차이를 인정하지 않으면 갈등이 생긴다. 반면 다른 점을 인정할 때 서로 좋은 감정이 만들어진다. 서로에 대해 좋은 감정을 가지게 되니 화합이 되는 것은 당연하다.

동이불화는 어떤 경우가 있을까? 같은데 화합하지 못하는 것은 대부분 겉으로만 같아 보이기 때문이다. 겉으로야 같은 팀이고 같은 목적을 위해 일하는 사람이지만 속으로는 서로의 차이를 인정하지 못한다. '저 사람은 자기 생각밖에 안 해', '왜 나만 손해를 봐야 해?' 이런 생각들이 마음속에 있으니 화합이 될 리 없다. 다른 사람들과 협조하는 척하지만 사실은 딴생각을 품는 경우가 그렇다.

군자는 서로의 차이를 인정하기 때문에 다른 사람과 화합할 수 있다. 반면 소인은 서로 같은 생각을 가진 것 같고, 같은 조직에 소속되어 있으면서도 동료들과 화합하지 못한다. 결국 화이부동과 동이불화의 문제는 상대방의 생각과 방식을 인정할 수 있느냐, 자신의 이익에 집착하지 않고 더 큰 이익을 생각할 수 있느냐에 달려 있다. 그런 점에서 이 문장의 의미는 '차이를 인정하고 공동의 이익을 생각하자'가 될 듯하다.

이 외에도 《논어》에는 셀 수도 없이 많은 고사성어가 담겨 있다. 우리 귀에 익숙한 것에서부터 낯선 것까지 다양한 의미를 담은 것들이다. 그래서 《논어》를 읽을 때는 번역된 이야기를 읽은 후 한자의 원문을 확인해보는 것이 좋다. 한자를 볼 때 고사성어를 찾아낼 수 있기 때문이다.

:: 책 읽는 재미를 높여준《논어》속 고사성어들::

의미를 발견하기 위해서는 고사성어의 뜻풀이에만 의존하지 말고 원본을 찾아서 읽거나 본래의 이야기를 모두 살펴보는 것이 좋다.

• 일이관지(一以貫之): 하나로써 꿰뚫다.

이것저것 손을 대서 조금씩 잘하지만 정작 제대로 하는 것은 없는 사람들이 있다. 반면 하나에 집중해서 잘하는 사람들도 있는데, 이러면 일의 원리를 알기 때문에 다른 일도 잘 이해할 수 있다. 하나로 꿰뚫어야 원리가 보인다.

• 과유불급(過猶不及): 지나친 것은 미치지 못한 것과 같다.

다른 사람을 도와주려는 마음으로 지나치게 친절을 베풀면 오히려 부담스럽게 느껴져 불편함을 준다. 무엇보다 적절한 것이 중요하고, 적당한 때에 그칠 줄 알아야 한다.

• 단사표음(簞食瓢飮): 한 그릇의 밥과 한 쪽박의 물. 소박하고 청빈한 생활을 가리킨다.

가진 것이 많으면 행복할 것 같지만 그렇지 않은 경우가 많다. 여러 개를 가지면 하나의 소중함을 잊어버리기 때문이다. 한 그릇의 밥과 물만 있을 때 그 소중함을 알 수 있다.

- 익자삼우(益者三友): 사귀어 이롭고 보탬이 되는 세 벗. 즉 정직한 사람, 신의 있는 사람, 학식 있는 사람을 가리킨다.

사람은 가까이 있는 사람을 닮아간다. 정직한 사람, 신의가 있고, 지식이 있는 사람을 사귀면 나 또한 그 사람처럼 생각하고 행동하게 된다.

- 손자삼우(損者三友): 사귀어 해로움이 있는 세 벗. 즉 겉치레에 빠져 곧지 못한 사람, 아첨으로 남을 기쁘게 하는 사람, 말만 잘하는 사람을 가리킨다.

친구를 보면 그 사람을 안다고 했다. 친구가 겉치레를 많이 하고 아첨을 일삼는 사람이라면 그도 그럴 가능성이 많다. 말만 잘하고 행동은 없다면 좋은 사람이 되기 어렵다. 사람은 만나는 사람으로 만들어진다.

- 포호빙하(暴虎馮河): 맨손으로 범에게 덤비고 걸어서 황하를 건넌다. 죽음을 두려워하지 않는 무모한 용기를 가리킨다.

계획도 없이 무작정 해보자는 식으로 덤비기만 하는 사람은 용감하기는 하지만 일을 이루기는 어렵다. 일을 이루려면 용기와 함께 지혜도 필요하다.

- 지자요수(智者樂水): 지혜로운 사람은 흐르는 물을 좋아한다.

물은 위에서 아래로 흘러가며 작은 물줄기를 받아들여 크게 되고 장애물이 있으면 돌아갈 줄 알면서도 결국 자신의 길을 가고야 만다. 지혜로운 사람은 이 물과 같은 품성을 가졌기에 물을 좋아한다.

• 인자요산(仁者樂山): 어진 사람은 산을 좋아한다.

골짜기는 깊고 봉우리는 높다. 그 안에서 온갖 나무와 동물이 살아간다. 게다가 우직하게 늘 그곳에 서 있으니 변함없고 듬직하다. 산은 인자한 사람의 모습을 닮았다.

• 교언영색(巧言令色): 교묘한 말과 보기 좋은 얼굴로 꾸민다.

다른 사람에게 듣기 좋은 말만 하고 보기 좋게 얼굴빛을 위장하는 사람은 진실성이 없는 경우가 많다. 다른 사람의 마음에 들어서 뭔가를 얻어내려는 사람이기 때문이다.

공부의 작은 혁명,
찾아보는 공부법

기하학(幾何學) 하면 유클리드라는 이름을 떠올리게 된다. 이 그리스의 위대한 수학자가 한때 이집트의 왕이었던 프톨레마이오스 1세의 가정교사로 일했던 모양이다. 당시에는 왕들이 대단한 학자들을 모시고 와서 가정교사처럼 배움을 구하곤 했는데, 유클리드의 기하학은 좀처럼 배우기가 어려웠다. 공부에 지친 왕이 어느 날 유클리드에게 좀더 쉽게 배울 방법이 없느냐고 묻자 이렇게 대답했다고 한다.

"기하학에 왕도(王道)는 없습니다."

《서양의 고사성어》라는 책에서 읽었던 이야기다. '기하학에 왕도는 없다'는 유명한 말이 여기에서 기원한다. 세상에 쉬운 일은 없으며 모든 것이 꾸준한 노력으로 성취될 수밖에 없다는 뜻으로 이해할 수 있다.

중고생 시절 동양의 고사성어를 읽다 보니 자연스럽게 서양에도 이와 비슷한 것이 있음을 알게 되었다. '예술은 길고 인생은 짧다', '기하학에 왕도는 없다', '주사위는 던져졌다', '루비콘 강을 건너다', '로마는 하루아침에 이루어지지 않았다' 등 역사적 인물이나 사건을 배경으로 한 것들부터 '판도라의 상자', '헤라의 질투', '오이디푸스 콤플렉스'와 같이 신화를 배경으로 한 것까지 다양했다. 이런 문장들을 통해서 숨겨진 이야기들을 접하게 되었고, 덕분에 서양의 역사에 관심이 생겼을 뿐만 아니라 그리스 로마 신화도 좋아하게 되었다.

그것은 놀라운 발견이었다. 공부를 재미있게 하는 방법을 알려주었기 때문이다. 지금 돌아보면 책에 재미를 붙이는 계기가 되었음은 물론이고 나의 독서 방법에도 혁명적 전환을 가져다주었다. 예전에는 처음부터 끝까지 순서에 따라 읽는 것이 최선이라고 여겼는데, 필요한 부분을 찾아서 공부하는 새로운 방법을 찾아낸 것이다. 하나의 개념이나 문장에 대한 호기심으로 그 뒤에 숨겨진 이야기와 의미를 발견하는 방식도 그때 익혔고, 그것은 아주 매력적이었다.

어떤 개념이 있다고 하자. 먼저 그 개념의 뜻과 의미를 알아본다. 그런 후 그 개념에 숨겨진 이야기와 연관된 인물에 대해서 알아본다. 자연스럽게 당시의 역사적 상황이나 인물에 얽힌 갈등을 알게 되고 근본 배경을 이해하게 된다. 이런 방법은 공부를 싫어하는 아이들에게 공부에 재미를 붙이게 해주고 자발적으로 무엇인가를 알아보게 해준다. 방법을 정리하면 이렇다.

1. 궁금한 개념을 찾아낸다.
2. 뜻을 인터넷이나 책 등에서 알아본다.
3. 개념과 관련된 이야기나 인물을 살펴본다.
4. 개념과 이야기에 대한 자신의 경험을 떠올려보고 공부를 현실화한다.

'기하학에 왕도는 없다'는 문장을 예로 들어보자. 먼저 이 말이 무슨 뜻인지를 찾아본다. 모든 일에 지름길은 없으며 꾸준한 노력을 통해서만 결과를 얻을 수 있다는 뜻임을 알 수 있다. 그런 후에 이 말과 관련된 사건과 이야기를 알아본다. 유클리드와 프톨레마이오스 1세의 대화에서 나온 이야기임을 찾아낼 수 있다. 다음으로 내 생활과의 관련성을 생각해본다. 지금 읽고 있는 책이 어렵고 힘들다고 해서 포기하지 말고 왕도는 없으니 계속 열심히 노력하자는 생각으로 읽어나가자는 결심을 할 수도 있을 것이다. 이것은 의미를 발견하는 공부와 크게 다르지 않다. 오히려 그 구체적인 방법에 가깝다.

'인간은 만물의 척도다'라는 말을 생각해보자. 무슨 뜻일까? 백과사전을 찾아보면 '인간이 모든 것을 판단하는 기준이 됨을 이르는 말'이라고 해석된다. 조금 더 뜻을 살펴보면 모든 사물을 인식하는 것은 사람이며 그 인식의 정도는 사람에 따라 다르므로 무엇이 옳거나 그르다고 단정적으로 말할 수 없다는 정도로 이해된다. 그런 후에 이와 관련된 이야기를 살펴본다.

오래전 그리스 아테네에 프로타고라스라는 철학자가 살고 있었다. 우리에게는 수학자로 알려져 있지만 당시에는 수학자가 철학자이기도 했다. 당시 사람들에게는 다른 사람을 설득하는 웅변술이 필요했는데 그것을 사람들에게 가르쳐주며 많은 돈을 벌고 있었다. 그는 자신의 저작에서 사람은 서로 다른 판단을 내릴 수 있기 때문에 진리라는 것은 상대적이며, 옳고 그름을 구별하는 것 또한 어려우므로 웅변술이나 설득력을 높이는 기법을 통해 상대방이 이해할 수 있도록 설파하는 것이 중요하다고 강조했다.

프로타고라스가 살던 시대를 더 살펴볼 수도 있다. 당시 그리스 사회는 정치적 영향력을 발휘하기 위해서 상대를 설득하는 것이 중요했다. 그러다 보니 웅변술에 대한 연구가 발전할 수밖에 없었고 그것이 학문의 이유가 되었다. 다른 사람을 설득할 수 있도록 웅변술을 향상시키기 위한 학문이 주를 이루었던 것이다. 이렇게 수업료를 받고 사람들을 가르치는 이들을 소피스트라고 불렀다. 소피스트는 영리하고 능숙한 사람이라는 뜻으로 현인들을 가리키는 말이었지만, 플라톤은 이들을 궤변가로 이해했다. 진리를 인정하지 않고 이런저런 논리를 끌어와서 상대방을 설득하는 목적으로만 학문을 했기 때문이다. 진리는 확정될 수 없으며 상대적일 수밖에 없다고 생각했던 소피스트들과 달리, 플라톤은 절대적 진리가 있으며 철학은 그 진리를 발견하는 것을 목적으로 해야 한다고 생각했다.

여기까지 알아본 후에는 이것에 대한 자기 생각을 펼쳐본다. '진리는 상대적인 것일까?' '절대적인 진리는 정말 없을까?' '정말로 인간이 만물의 척도일까?' 이런 질문을 해보는 것이다. 이런 생각을 하고 답을 찾아보는 과정에서 얻은 생각들이 자기 것이 되어 남는다.

왕도는 지름길 혹은 빨리 습득하는 방법이라는 뜻이다. 아무리 기하학에 왕도는 없다고 하지만 조금은 수월하게 배우는 방법은 분명히 있을 것이다. 영어를 쉽게 익히는 방법이 있을 것이고, 수학도 수월하게 배우는 방법이 있을 것이다. 독서도 마찬가지다. 왕도가 없다고 해서 막무가내로 읽기만 한다고 성과가 나는 것은 아니다. 왕도는 아닐지라도 조금 나은 방법은 있기 마련이다. 그 방법을 찾고 익히는 것만으로도 제법 효과를 볼 수 있지 않을까? 인간은 이런 식으로 성장해왔고 자신을 만들어왔다. 작은 개선, 그것이 인간 성장의 조건이었다.

이런 방식의 공부는 나에게 작은 혁명을 가져다주었다. 일단 공부가 재미있다는 것을 깨닫게 해주었고, 하나씩 지식을 알아가면서 느끼는 뿌듯한 충만감이 일상을 채워주었다. 독서가 더 좋아졌고 생활에 더 적극적이게 되었다. 모르는 것이 생기면 어떻게든 찾아보는 습관을 가지게 되었고 공부 방법도 구체적이고 체계적으로 발전했다. 무엇보다 일상의 작은 호기심에 집중하게 되어 하루가 재미있어졌다. 이 모두가 찾아보는 공부법 덕분이다.

:: 학창시절 한 줄의 힘을 깨닫게 해준 서양의 고사성어들::

- 약속의 땅: 모세의 인도로 이스라엘 백성이 이집트를 탈출하여 떠돌던 중 신이 그들에게 젖과 꿀이 흐르는 땅을 약속한 데서 나온 표현이다.
- 좁은 문: 《마태복음》에 "좁은 문으로 들어가라. 멸망으로 인도하는 문은 크고 그 길이 넓어 그리로 들어가는 자가 많고, 생명으로 인도하는 문은 좁고 길이 협착해 찾는 이가 적음이다"라고 했다. 편한 길은 고난과 노력이 필요 없기에 성장도 있을 수 없는 반면, 힘든 길은 자신의 노력을 다해야 하기 때문에 스스로의 진가를 알게 된다. 앙드레 지드의 소설 《좁은 문》으로 널리 알려져 있다.

- 루비콘 강을 건너다: 로마의 원로원은 군대를 해산하라고 명령했지만 시저는 그것을 어기고 루비콘 강을 건너 원로원을 무력화시켰다. 루비콘 강을 건너던 시저가 "주사위는 던져졌다"는 말을 했다고 한다. 어떤 일을 해내기 위해 결단하고 칼을 뽑았기에 돌이킬 수 없다는 뜻으로 쓰인다.

- 모든 길은 로마로 통한다: 로마는 막강한 군사력으로 광대한 땅을 점령했고 유럽 각지로 이르는 길을 열었다. 이때 로마의 문화 또한 전 유럽으로 퍼졌으니, 모든 길은 로마로 통한다는 말은 문화 대부분이 로마에서 기인한다는 뜻이라고 할 수 있다. 어떤 길로 가든 결국 같은 목적지에 도달하게 된다는 의미로 사용된다.

- 프로메테우스의 불: 프로메테우스는 신들의 물건인 불을 훔쳐 인간에게 가져다주었다. 불은 인간들이 따뜻한 보금자리를 갖고, 맹수들로부터 자신을 보호하며, 도구를 제작할 수 있도록 해주었다. 문명이 시작된 것이다. 프로메테우스의 불은 획기적인 선물 혹은 문명이라는 의미로 사용된다.

- 시시포스의 바위: 하데스로부터 형벌을 받은 시시포스는 언덕 위로 바위를 굴려 올린다. 꼭대기에 도달한 바위는 다시 아래로 굴러 떨어지고 시시포스는 다시 바위를 굴려 올려야 한다. 이렇게 영원히 반복되는 형벌이 시시포스의 형벌이고 그때 굴려야 하는 바위가 시시포스의 짐이다. 알베르 카뮈는 이 바위를 노동 혹은 일이라고 했다.

- 고르디우스의 매듭: 절대 풀 수 없는 매듭으로, 이 매듭을 푸는 자
  가 아시아의 왕이 될 것이라는 전설이 있었다. 마케도니아의 알렉
  산드로스 대왕이 매듭을 단칼에 잘라버렸고, 결국 그가 아시아의
  왕이 되었다.

의미 발견의 비결 :

1. 책을 잘 읽으려면 문장과 이야기의 의미를 발견할 수 있어야 한다. 독서는 의미 해석이다.

2. 의미를 발견하는 능력은 배운 것을 깊이 이해하는 것은 물론 구체적인 사례를 찾아내고 적극적으로 활용하는 데 바탕이 된다.

3. 의미를 발견하려면 문장을 꼼꼼하게 읽고 개념을 정확하게 파악해야 한다. '이 문장의 의미는 무엇인가?'라는 질문에 답을 찾아가고, 추가적인 질문을 던지면서 새로운 의미들을 탐색하며 배경지식을 축적하려는 노력이 필요하다.

4. 고사성어나 이야기를 읽으면서 갈등을 파악하고 구체적인 포인트를 찾아낸다. 포인트를 발견하면 의미를 찾아내기 쉬워지고 핵심을 정리하기도 수월해진다.

5. 궁금한 개념이 생기면 검색을 통해 개념을 학습하고, 그와 관련된 인물이나 이야기를 살펴본 후, 생활 속에서 어떻게 활용되고 있는지 사례를 살펴본다.

· 2장 ·

깊이
이해하라

격물치지
공부법

"사물이 탐구된 뒤에 앎에 도달한다. 앎에 도달한 뒤에 의지가 성실하게 된다. 의지가 성실하게 된 뒤에 마음이 올바르게 된다. 마음이 올바르게 된 뒤에 몸이 닦여진다. 몸이 닦여진 뒤에 집안이 반듯해진다. 집안이 반듯해진 뒤에 나라가 다스려진다. 나라가 다스려진 뒤에 온 세상이 태평해진다."

-《대학》

성리학은 나라와 백성을 다스리는 치국의 원리에 입각한 학문이다. 나라를 잘 다스리려면 세상의 원리를 알아야 하고 그 원리를 알려면 공부를 해야 한다. 이때 사물의 이치를 탐구하는 공부를 격물치지(格物致知)라고 한다. 성리학을 집대성한 주희는 하늘이 정해준 원리가 사람을 비롯한 모든 사물에도 내재되어 있다고 생각했다. 세상과 사물을 탐구해서 그 이치를 알게 되면 인간의 본성과 인생살이의 이치도 알 수 있다는 것이다. 그런 점에서 격물치지란 사물 하나하나의 이치를 깨달아 궁극적인 삶에 도달한다는 의미를 담고 있다고 볼 수 있다. 이것은 곧 공부를 통해서 얻은 지식이 자기수양의 지침을 제공해주어 마음을 바로잡도록 해주는 한편, 세상과 인생을 현명하게 살아갈 수 있도록 돕는 것으로 이어진다. 성리학에서 공부를 강조하는 것은 모두 이 때문이다.

그렇다면 격물치지란 정확히 무엇을 말하는 것일까? 사물의 이치를 끝까지 파고들어서 제대로 된 앎을 얻어야 한다는 말로 이해될 수 있다. 대충 알지 말고 확실히 공부해서 시작과 끝, 원인과 결과, 사물의 본성과 작동원리를 완전히 파악하는 것이 격물치지다. 쉽게 말해 끝까지 밀어붙여 확실히 공부하자는 것이다.

주희는 격물치지하는 하나의 방법으로 거경궁리(居敬窮理)를 제시한다. 사람은 기질에 따라 선할 수도 악할 수도 있기 때문에 사물의 이치를 탐구해서 자신의 앎으로 만들어야만 완전한 사람으로 살아갈 수 있다. 이때 사물의 이치를 탐구해서 자신의 것으로 만들기 위해 필요한 것이 거경궁리다. 거경이란 사물의 이치를 탐구하는 데 필요한 경건한 태도를 말한다. 흔히 공부는 태도가 중요하다고들 한다. 비슷한 이야기를 듣고 같은 책을 읽었는데 서로 얻는 것이 달라지는 중요한 이유 중 하나는 그 사람의 태도 때문이다. 태도가 훌륭한 사람은 그렇지 못한 사람보다 훨씬 많은 것을 얻을 가능성이 크다. 거경이란 공부를 할 때 경건하고 맑은 마음으로 그것에 온전히 집중하는 것이다.

궁리는 사물에 대한 이치를 따질 때 깊이 생각하는 것을 말한다. 사물을 지켜보고 그 진행 과정을 살펴 왜 그렇게 되는지 명확한 이유를 파악하고, 원인과 결과에 따라 논리를 정연하게 세우려면 깊이 생각해야 한다. 현상만 살피고 대충 결론 내리지 말고 따지고 또 따져서 완전한 이해를 얻어야 한다. 거경이 학문을 하는 태도와 관련이 깊다면, 궁리는 학문을 하는 방법에 가깝다고 할 수 있다.

그렇다면 거경궁리 공부를 어떻게 해야 할까? 가장 먼저 생각할 수 있는 것은 자신이 살피려고 하는 것의 개념을 명확히 이해하는 것이다. 모든 학문은 개념을 정의하는 것으로부터 시작된다. 개념을 정확히 모르면 제대로 아는 것이 아니고 자칫 개념의 오해로 인한 오류를 낳을 수 있다. 그래서 개념을 명확하게 이해하는 것이 중요하다.

《논어》를 읽다 보면 인(仁), 경(敬), 서(恕), 예(禮) 등이 자주 등장한다. 공자가 말하는 이 단어들의 개념이 무엇인지를 정확히 이해하기 위해서는 문장을 곱씹으며 깊이 생각해보는 시간이 필요하다. 하나의 개념은 그것을 제시하는 사람에 따라 내용이 달라지는 경우가 많기 때문에 문장 전체를 살펴야 할 때도 있다. 시간과 장소, 말하는 사람에 따라서 개념은 조금씩 달라진다. 이렇게 상황에 따라 사용되는 개념을 다양한 관점에서 정리하다 보면 폭넓고 깊은 이해가 가능해진다. 특히 철학이나 사상 분야에서는 개념을 제대로 정의하고 이해하는 것이 중요하다.

거경궁리의 두 번째 방법은 원인과 결과 혹은 본질과 현상을 정확히 파악하는 것이다. 모든 일에는 원인이 있고 결과가 있다. 어떤 원인이 있고, 그것들이 특정한 결과를 불러온다. 특히 의식적인 행동이 개입되는 사람 사이의 일에는 문제를 낳는 핵심 원인이 있기 마련이다. 그 핵심 원인을 찾아내려면 어떤 원인이 어떤 결과를 불러왔는지 인과관계를 잘 파악해야 한다. 때로는 원인으로 보이는 것이 결과인 경우도 있기 때문에 원인 중에서도 핵심이 되는 것을 찾아야 한다. 이처럼 논리적 인과관계를 파악하려는 태도와 방법이 거경과 궁리다.

고려의 무신정변을 예로 들어보자. 무신들이 왜 정변을 일으켰을까? 김돈중이 정중부의 수염을 불태워서일까? 근본 원인은 왕과 문신들이 무신을 차별했기 때문이다. 왕과 문신들이 술을 마시며 시를 읊을 때 그들을 밤새 호위한 것은 무신이었는데도 정당한

대우를 받지 못했다. 이런 차별이 발생한 이유는 무엇일까? 태조 왕건 이후 고려가 송나라의 문치주의를 받아들이면서 무신보다 문신을 우위에 두었다. 고려는 거란, 여진 등과 수많은 전쟁을 했기에 군사력을 증강할 필요가 있었다. 군사를 이끄는 무신들이 많아지고 실질적인 힘이 점점 중요해졌는데, 정작 전쟁을 나갈 때 무신들을 이끄는 사람은 문신이었다. 서희, 강감찬, 윤관 등도 문신이었다. 게다가 이자겸의 난과 묘청의 난 이후에 문벌귀족들이 관직을 독점하면서 이런 경향이 더욱 강화되었다. 결국 무신정변이 일어난 원인은 문벌귀족 중심의 통치체제가 문신들의 독재화를 낳았고, 그런 문신들이 무신들의 비위를 건드려 촉발된 것이라고 볼 수 있다. 단순히 무신들이 차별받았다는 것을 넘어 고려 사회 전체적인 모순과 연결되어 있는 것이다.

세 번째 방법은 시작과 끝을 이해하는 것이다. 어떤 일이든 시작이 있으면 끝이 있기 마련이다. 시작과 끝의 전반적인 과정을 살펴보면 그 일의 핵심을 발견할 수 있고, 사물이 뭉치고 흩어지고 일이 되고 실패하는 원리를 알 수 있다.

이때 사건일지를 기록해보는 것은 일의 시작과 끝을 알 수 있는 좋은 방법이다. 묘청의 난을 예로 들어보자. 묘청이 언제 태어났으며, 언제 왕을 알현했고, 어떤 제안을 했으며, 언제 난을 일으켰는지 등을 시간 순서에 따라 차근차근 기록하는 것이 사건일지다. 이렇게 기록하다 보면 자신이 추구했던 방식이 좌절될 기미가 보이자 최후의 방법으로 난을 일으켰음을 알 수 있다. 그 과정에서 실패할 수밖에 없었던 이유와 잘못된 방법은 무엇인지 등을 발견할 수 있기에 구체적인 배움을 얻을 수 있다.

이 과정에서 특히 중요한 질문 하나가 있다. 바로 '왜?(why)'라는 질문이다. 인간은 다른 동물과 달리 생각하는 능력을 갖추고 있다. 생각하는 능력은 사물과 세상에 대한 궁금증에서 시작된다. '왜?'라는 질문이 생각의 시작인 것이다. 인간이 인간일 수 있는 것은 이 생각하는 능력, 왜라는 질문을 던지는 능력을 전제로 한다. 질문을 던지지 않는 인간, '왜?'를 잃어버린 인간은 숨을 쉬고 살아 있어도 인간으로 살아 있는 것이 아니다.

'왜?'라는 질문은 논리적인 사고를 통해 사물의 시작과 끝을 살피고, 원인과 결과를 파악하는 과정에서 반드시 필요하다. 문제의 배경을 이해하고 원인을 파악하여 결과를 만들어내는 본질을 찾는 데 없어서는 안 되는 질문이 '왜?'이다. 이 질문은 최근 토요타를 비롯한 기업들이 경영에 활용하면서 세상에 널리 알려졌다. 이른바 '5Why 기법'이다.

5why 기법의 간단한 예를 보자. 책을 읽기 싫어하는 사람이 있다면 왜 책을 읽기 싫어하는지 그 이유를 기록해본다. 생활에 도움이 안 되기 때문이라는 대답이 나왔다고 하자. 그러면, 다시 왜

생활에 도움이 안 되는지 이유를 기록해본다. 이유는 투자하는 시간에 비해 얻는 것이 별로 없어서라는 것이었다. 다시 왜 투자 대비 얻는 것이 없는지 이유를 찾아본다. 제대로 읽지 않아서 혹은 업무에 적용하는 방법을 몰라서라는 대답이 나왔다. 다시 그 이유를 알아보았더니 독서법이 비생산적이어서라는 대답이 나왔다. 이렇게 '왜?'라는 질문을 5번만 반복하면 문제 해결을 위한 근본 원인을 발견할 수 있고, 그 원인을 해결할 수 있는 좋은 대안도 얻을 수 있다. 5Why 기법은 동양의 격물치지, 거경궁리와도 깊은 관련이 있다.

격물치지, 거경궁리의 방법을 활용한 경우는 얼마든지 있다. 우리가 잘 아는 이건희 회장도 이런 방법을 사용했다. '업의 본질'이라는 개념을 끊임없이 질문함으로써 자신의 사업을 이해하는 데 활용했고, 스티브 잡스도 '오늘이 내 인생의 마지막 날이라면 지금 하려고 하는 일을 할 것인가'라는 질문을 매일 아침 반복해서 던졌다. 그들의 방법은 크게 다르지 않았다. 끊임없이 왜냐고 묻는 것이었다. 이런 철저한 궁리가 일상생활이나 일에서 적용되려면 책을 읽는 공부 방법에서 충분히 훈련되어야 한다. 한 권의 책을 대할 때는 거경의 마음을 가지고, 개념을 파악하고 사례를 발견할 때는 궁리를 멈추지 않는 것이다.

격물치지 공부법은 사물의 본성을 파악하기 위해 끊임없는 탐구정신과 논리적 추리를 강조한다는 점에서 소크라테스와 플라톤으로 정리되는 서양철학의 과학적이고 논리적인 방법론과 비슷하다. 진리를 발견하기 위한 소크라테스의 문답법, 이데아를 추구하는 플라톤의 논리적 접근법은 서양철학과 학문에 지대한 영향을 미쳐 근대적 세계관으로 이어졌다. 19세기에 등장한 니체와 마르크스 등이 강력히 반발했음에도 학문을 추구하는 정신과 방법은 여전히 그들에게 의존하고 있다.

주희가 동양의 사상과 학문에 지대한 영향을 미친 것도 그와 크게 다르지 않다. 이후 성리학의 교조화로 수많은 문제를 낳았고 비판의 대상이 되었음에도 학문에 대한 숭고한 태도와 집요한 방법론은 여전히 유효하며, 지금 우리 시대의 공부법에도 활용할 수 있는 내용이 많다. 특히 돈이 될 것 같은 공부만 하고, 유행을 좇아 책을 골라 읽다가 그것도 힘들면 그만둬버리는 요즘 사람들의 모습을 보면 격물치지와 거경궁리의 정신을 떠올리게 된다. 특히 거경은 우리에게 부족한 정신적 면을 강조한다는 점에서 더욱 중요하다. 사람을 만나면 사람에 집중하고, 일을 할 때면 일에 집중하고, 책을 읽을 때는 책에 집중하는 것이 바로 거경이기 때문이다.

현실의 사례를
찾아라

"배우기만 하고 생각하지 않으면 얻는 것이 없고, 생각하기만 하고
배우지 않으면 위태롭다(學而不思則罔 思而不學則殆)."

《논어》에서는 배우기만 해서도 안 되고, 생각하기만 해서도 안
된다고 한다. 이 문장을 이해하려면 배움과 생각이라는 두 개념을
정리해볼 필요가 있다. 배움이라는 것은 학문, 즉 객관적인 사물의
이치와 법칙을 공부하는 것을 말한다. 생각이란 자기 스스로 궁리
해보는 것으로 경험이나 관찰에 의존하기 쉽다. 자기 생각은 없이
학문을 배우기만 한다면 지식만 생기지 실제적인 문제를 해결해주
는 능력은 생기기 어렵고, 학문의 도움 없이 자기 생각만으로 살아

간다면 특수한 경험과 좁은 시야에 근거해서 판단함으로써 잘못된 선택을 할 수 있기에 삶이 위태로워진다.

공자가 강조하고자 한 것은 배움과 생각이 함께 이루어져야만 배움이 현실적인 문제를 해결하는 데 도움을 줄 수 있고 생각이 배움으로 깊어질 수 있다는 것이다. 일반적으로 우리는 둘 중 하나에 의존할 뿐 배움과 생각 모두를 고려하지 못한다. 배우기만 하고 생각하지 않는 것이 수업 방식 때문이라면, 자기 생각만으로 살 뿐 배우려고 하지 않는 것은 공부를 멀리하는 습관 때문이다. 이런 상황에서 배움과 생각이 톱니바퀴처럼 잘 맞게 짜여 돌아가려면 어떻게 해야 할까? 이것은 독서를 하는 사람들이 풀어야 할 중요한 문제임이 분명하다.

독서가 깊어지고 현실의 문제를 해결해줄 수 있는 실천적인 지혜가 되기 위해서는 텍스트의 의미를 파악하는 데 그쳐서는 안 된다. 한발 더 나아가 그 의미가 우리 일상에서 어떻게 구체적으로 작용하고 있는지 사례를 발견해내야 한다. 생각을 통해 배움을 구체화하는 과정이 의미의 사례를 찾아보는 일이다. 구체적 사례를 발견하는 것은 궁리의 한 방법이다.

어느 날 경허 스님이 제자 만공 스님과 함께 깊은 산 속에서 길을 가다가 갑자기 비를 만나게 되었다. 두 사람은 급히 근처에 있던 동굴로 몸을 피했다. 그 동굴은 천장이 큰 바위로 눌려 있었다. 비를 피하면서 경허 스님은 동굴 천장을 자꾸만 올려다보았다.

만공 스님이 의아한 듯 물었다.

"스님, 왜 그렇게 천장을 자꾸 올려다보십니까?"

"이 바위가 내려앉을까 봐 걱정되어 그런다네."

만공 스님이 다시 물었다.

"에이 스님도, 이 큰 바위가 내려앉을 리가 있겠습니까?"

"가장 안전한 곳이 가장 위험한 곳이라네."

이 이야기에 담긴 의미는 뭘까? 가장 안전한 곳이 가장 위험할 수 있다는 의미일 것이다. 안전하다 싶은 마음이 들면 편해져서 긴장감을 늦추게 된다. 긴장감이 떨어지면 열심히 노력하지 않게 되고, 그렇게 장시간이 흐르면 낙오되어 인생이 위험해질 수 있다. 안전하다고 믿었던 곳이 곧 위험한 곳이 되어버린다. 그래서 늘 위기의식을 가지고 새로운 영역을 찾으라고 말하는 것이다.

보통은 이 정도로 이해하고 끝나는 경우가 많다. 하지만 좋은 독서를 하려면 여기서 그쳐서는 안 된다. 실제로 어떤 경우가 그런지 사례를 찾아봐야 한다. 그렇게 할 때 공부한 것이 현실에 접목될 수 있고 구체적인 앎으로 발전할 수 있다. 이때 우리에게 필요한 질문은 '어떤 경우가 그럴까?'라는 것이다.

'어떤 경우에 안전한 곳이 위험한 곳이 될까?' 이 질문을 던져보면 생활 속에서 그런 사례를 생각해낼 수 있다. 요즘 인기 있는 직업 중 하나가 공무원이다. 그 이유는 신분보장이 확실하기 때문이다. 특별한 잘못이 없으면 정년까지 무사히 직장생활을 한다. 물론 퇴직 후 안정적인 연금도 받을 수 있다. 확실히 안전한 곳이다. 그런데 공무원으로 퇴직을 하면 할 것이 없다고들 한다. 사회의 흐름에 대한 현실감각을 키우고 변화하는 흐름에 따라 새로운 지식과 기술을 익힐 기회를 얻지 못했기 때문이다. 안정적이기는 하지만 그곳에서 벗어나면 위험해진다. 그런 점에서 공무원이라는 직업은 안전한 곳이지만 위험한 곳이기도 하다.

어느 날 아이들이 술래잡기 놀이를 하고 있었다. 큰 아이가 술래가 되고 작은 아이가 숨게 되었다. 작은 아이는 자신이 가장 안전하다 싶은 곳을 골라 숨었다. 하지만 금방 들키고 말았다. 작은 아이가 물었다.

"어떻게 이렇게 빨리 찾았어?"

그러자 술래였던 큰 아이가 대답했다.

"그거야 쉽지. 제일 숨기 좋은 곳부터 찾으면 돼."

가장 안전한 곳이 가장 위험한 곳이 되는 순간이었다.

이렇게 가장 안전한 곳이 가장 위험한 곳이 되는 경우가 언제인지를 현실에서 찾아봐야 한다. 그것이 찾아질 때 지식과 이론이 생활에 적용된다. 학교 교육이 비판받는 이유이자 독서를 하는 사람들이 한계를 느끼는 순간이 여기에 있다. 지식과 현실, 이론과 생활을 연결하지 못하는 것이다. 이 문제를 해결하는 방법은 하나뿐이다. 지식을 얻었으면 그것이 현실에 적용될 수 있는 경우를 찾아내는 것, 이론을 배웠으면 생활에서 그 사례를 발견하는 것이다.

경영학이나 리더십을 공부하다 보면 동기부여 이론들을 만나게된다. 그중 빅터 브룸(Victer Vroom)의 기대이론이라는 것이 있다. 사람은 어떤 일을 하면서 노력의 정도를 결정할 때 세 가지를 고려한다. 즉 기대감, 유의성, 수단성이다. 기대감은 자신이 그것을 해낼 가능성을 말하고, 유의성은 목표를 달성했을 때 얻게 되는 결과를 좋아하는 정도, 수단성은 실제로 보상이 이루어질 가능성을말한다. 이 세 가지의 정도에 의해서 동기부여가 결정되며 그에 따라 행동하게 된다는 것이 브룸의 기대이론이다.

기대이론을 제대로 공부하려면 세 가지 요소가 무엇을 말하는것인지 정확히 이해해야 한다. 기대감이 무엇이고, 유의성은 무엇을 말하는 것이며, 수단성이란 어떤 개념인지를 알아보는 것이다. 이때 학교 교육에 익숙한 사람들은 세 요소의 개념을 외우려고만할 것이다. 그래야 시험을 볼 때 유리하고 사람들에게 아는 척할수 있기 때문이다. 하지만 이런 식의 공부로는 현실의 문제를 해결하는 역량을 키울 수 없다. 이론을 현실로 끌어내는 작업이 필수적이다. 그래서 필요한 것인 현실적인 사례를 찾아내는 일이다.

책을 쓰고 싶어 하는 사람이 있다고 하자. 이때, 그가 가진 기대감은 과연 자신이 책을 쓸 수 있느냐와 관련이 있다. 일 년 정도 노력해서 책을 쓸 수 있다는 확신이 있다면 기대감이 높고 도전할 가능성이 많다. 반면 자신이 생각해볼 때 일상이 바쁘고 시간이 부족해서 할 수 없다고 생각한다면 기대감은 낮을 수밖에 없다.

유의성은 책을 펴내는 것, 저자가 되는 것을 그 사람이 얼마나 좋아하느냐와 관련이 있다. 책을 내는 일이 오랫동안 바랐던 일이고 꿈에서도 그리는 목표라면 힘들더라도 도전할 가능성이 크다. 반면 책을 내는 일에 크게 매력을 느끼지 못한다면 중간에 포기할 가능성이 높아진다.

수단성은 목표를 달성하면서 얻은 결과가 자신에게 정말 도움이 되느냐와 관련이 있다. 책을 내고 저자가 되는 것이 자신의 경력에 실제로 도움을 줄 수 있다는 확신이 있다면 더욱 노력하게 될 것이다.

결국 내가 책을 쓸 수 있다는 확신과 글을 쓰는 활동을 좋아하는 정도, 그 결과가 나에게 큰 도움을 줄 것이라는 믿음, 이 세 가지의 합이 책을 쓰는 일에 대한 동기부여 정도를 결정한다.

이렇게 이론으로 배운 것이 실제로 어떤 경우에 해당하는지 사례를 찾아보면 이론을 보다 구체적으로 이해할 수 있을 뿐만 아니라 공부가 재미있어지고 즐거워진다. 이것이 살아 있는 공부다.

깊이 이해하기 연습:
《논어》

의미를 발견하고 그것을 잘 설명할 수 있는 현실적인 사례를 찾아내는 것이 중요하다는 사실을 이해했다. 이제부터 본격적으로 구체적인 사례를 찾아내는 연습을 해보자.

"군자는 사람들과 화합하지만 부화뇌동하지는 않고, 소인은 부화뇌동하지만 사람들과 화합하지는 못한다."

《논어》의 화이부동과 관련된 문장이다. 군자는 사람들과 잘 어울린다. 그렇다고 그 사람들에게 휩쓸려 이리저리 몸을 굴리거나 함부로 살지 않는다. 반면 소인은 사람들의 생각에 휩쓸려 몸을 함부로 굴리면서도 그들과 의기투합하여 하나 된 모습을 보여주지 못한다. 사람들과 잘 맞추고 지내면서도 자기가 가고자 하는 길을 가는 사람이 군자라는 의미일 것이다.

이런 문장들이 가슴에 남는 공부가 되고 삶에 도움이 되기 위해서는 현실적인 사례를 생각해낼 수 있어야 한다. '어떤 경우가 그럴까?' 이 질문 하나면 충분하다. 철학이 질문을 던지는 학문이라면 독서에 진정으로 필요한 것이 철학일 것이다. 이 질문을 던지며 생각을 계속해보자. 가족, 회사, 친구 등 다양한 분야에서 이런 경우를 찾아낼 수 있다.

쉽게 찾아낼 수 있는 곳은 아마도 직장이 아닐까 싶다. 다른 사람들의 부탁을 잘 들어주고 의사소통도 잘하는 사람들은 직장에서 쉽게 찾을 수 있다. 김 대리, 박 과장, 홍 차장 등 우리 곁에서 좋은 인간관계를 자랑하는 이들이다. 다른 사람들과 잘 어울리면서 자기 생각을 가지고 살아가는 사람은 화이부동의 좋은 예가 된다. 이런 사람들은 자기 생각을 적극적으로 표현하지 않는 경우가 많다. 대신 그 생각들을 가슴속에 간직하고 그 신념으로 행동하며 나아간다. 주변 사람들은 그에게 편안함과 따뜻한 동료애를 느끼기 때문에 그가 자신의 길을 가는 것에 박수를 보내고 지지하는 경향이 강하다.

동이불화의 경우도 있다. 쉽게는 정치계에서 발견된다. 같은 당에 소속되어 있으면서도 계파가 다르고 계파 안에서도 생각들이

갈라져서 다투기 일쑤다. 겉으로는 같은 당이고 같은 지향점을 가지고 있는 것 같지만, 서로 화합하지 못하고 엉뚱한 궁리만 한다. 직장생활을 하다 보면 서로 무리를 지어서 함께 밥 먹고 차 마시고 이야기하기를 즐기면서 무리 지어 다니는 경우를 본다. 다른 사람들이 자신들의 무리에 끼는 것을 꺼리고 무리의 힘으로 자신들에게 거슬리는 사람들을 험담하느라 바쁘다. 하지만 막상 그 사람들과 일대일로 이야기를 해보면 같은 무리에 있는 이들에 대해 불만을 잔뜩 늘어놓는다. 함께 다니고 싶지 않지만 무리에서 떨어져 나왔을 때의 상황이 두려워 어쩔 수 없이 어울려 다니는 것이다. 내 주변에서 어떤 경우가 그런지 생각해보면 어렵지 않게 찾아볼 수 있을 것이다.

《논어》의 문장 하나를 더 살펴보자.

"군자는 일의 원인을 자기에게서 찾고, 소인은 남에게서 찾는다."

〈위령공편〉에 나오는 문장이다. 이 말의 구체적인 사례를 생각해보자. 일의 원인을 자기에게서 찾는다는 말은 잘못을 자신에게서 찾는다는 뜻이다. 일이 잘못되면 자신에게 어떤 점이 부족해서 잘못되었는지를 생각해야 한다. 이것이 그릇이 큰 군자의 방법이다. 하지만 보통 사람들은 일이 잘못되어도 자기 잘못은 없다고 하고 남 탓으로 돌린다. 혹은 변명거리를 찾아낸다.

이번 주말까지 책을 한 권 읽기로 마음먹었다. 그런데 회사에서 큰일이 생겨 야근을 자주 하게 되었고, 주말에는 시골에 내려가야 했기 때문에 책을 읽지 못했다. 이런 경우 책을 읽지 못한 이유를 어디에서 찾아야 할까? 소인들은 회사 때문에, 상사 때문에, 바빠서 등의 이유를 찾아낼 것이다. 군자는 자신에게서 찾는다. 회사일이 바쁘다고 해도, 시골에 가더라도 책 읽을 시간을 내는 것은 자신의 몫이다.

이렇게 자신에게서 일의 원인을 찾아낼 때 자신을 변화시킬 수 있고, 자신이 변화할 때 삶이 변한다. 바쁜 생활 속에서도 책 읽을 시간을 만들어낼 것이고, 읽은 내용을 활용하면서 일하는 능력이나 삶을 대하는 태도도 발전할 것이기 때문이다. 그래서 자하가 "소인들은 잘못을 저지르면, 반드시 꾸며댄다"고 한 것이며, 공자역시 "잘못이 있어도 고치지 않는 것, 이것이 바로 잘못이다"라고한 것이다.

하지만 모든 문장에서 생활 속의 사례를 발견할 수 있는 것은 아니다. 의미가 이해되지 않는 문장도 있을 테고, 의미 파악은 했지만 실제 사례를 생각하기 어려운 문장도 많을 것이다. 공자는 "나에게 몇 년의 시간이 더 주어져서 쉰 살까지 역(易)을 공부한다면, 큰 허물이 없을 것이다"라고 말했다. 이 문장으로 공자가 역을 좋아했다는 것은 알 수 있지만, 생활 속 사례로 그것을 설명해내기는 무척 어렵다. 이런 경우는 의미 파악만 하고 넘어갈 수밖에 없다.

이번에는 이야기를 통해 생활 속 사례를 찾아보는 연습을 해보자.

> 인간들이 자기를 얼마만큼 평가하는지 알고 싶어 헤르메스는 사람 형상을 하고 조각가의 작업장으로 갔습니다. 제우스의 조상을 보고 그는 값을 물어보았습니다.
> "일 드라크마요."
> 하고 주인은 말했습니다. 웃으면서 헤르메스는 헤라의 조상에 대해 똑같은 질문을 했습니다. 제우스 상보다 조금 비싸다는 대답이었습니다. 마침내 자신의 조상이 눈에 띄었습니다. 제우스 신의 심부름꾼이자 소득의 신이니만큼 이러한 두 겹의 성격 때문에 인류에게 숭상받으리라 생각하고 그는 물어보았습니다.
> "헤르메스 상은 얼마요?"
> "네. 다른 두 개를 산다면 거저 끼워드리겠어요."
> 하는 것이 대답이었습니다.
>
> - 《이솝 우화집》

헤르메스 이야기는 우리가 자신을 지나치게 과대평가하고 있다는 것을 알려준다. 사람들은 나에게 그렇게 신경을 쓰지도 않고 높게 평가하지도 않는다는 사실을 모르는 것이다. 이런 이야기를 통해서 어떤 경우가 그랬는지를 생각해볼 필요가 있다.

어느 날 새 옷을 입고 출근했는데 사람들이 아무런 반응을 보이지 않는다거나, 헤어스타일을 바꾸고 안경을 바꾸었는데 알아채지 못하는 경우도 있다. 혹은 우연히 인사고과 파일을 봤는데 내가 경쟁자로 생각하지도 않았던 동료가 나보다 높은 평가를 받고 있다는 것을 알게 되었을 수도 있다. 이런 경우를 통해서 우리는 자신을 과대평가하고 있다는 사실을 깨닫는다.

이렇게 문장이나 이야기를 읽고 그 뜻을 파악한 후에는 자기 생활에서 어떤 경우가 그런지 사례를 통해 생각할 수 있어야 한다. 그것을 찾아내면 공부가 현실적인 것으로 바뀌면서 삶에 적용할 수 있는 실용적인 지침으로 변하게 된다. 공부가 살아 있으려면 이런 노력이 필요하다.

이야기
깊이 읽기

무엇인가를 깊이 이해하려면 그 내용에 부합하는 구체적인 사례를 발견해야 한다. 깊이 이해한다는 것은 생활 속의 사례를 통해 실제적인 이해가 되었다는 뜻이다. 사례를 찾아내는 과정에서 메시지의 의미를 현실적으로 이해하게 되고 배움이 현실에 활용될 가능성도 생긴다.

이번에는 이야기의 의미와 관련된 구체적인 사례를 발견하는 연습을 해보자.

부처님의 제자들 중에 형제가 있었다. 그중 형은 총명해서 가르침을 빨리 이해했는데 동생은 우둔해서 공부가 늦었다. 자신이 어리석다는 생각이 든 동생은 스스로 실망해서 의기소침해지고 말았다. 그 모습을 본 부처님이 말했다.

"너무 걱정하지 말거라. 너도 열심히 노력하면 형과 같은 사람이 될 수 있다."

"저 같이 어리석은 사람도 똑똑해질 수 있다는 말씀이세요?"

그러자 부처님이 깨끗한 걸레 하나를 주면서 이렇게 말했다.

"물론이지. 오늘부터 이 걸레로 더러운 마루를 닦으며 공부를 하도록 해라."

그때부터 동생은 공부하는 마음으로 부지런히 마루를 닦았다. 그러자 놀라운 사실을 알게 되었다. 청소를 하자 마루는 깨끗해졌는데 걸레가 더러워졌다. 걸레를 물에 빨자 걸레가 깨끗해졌다. 그리고 깨달았다. 자신의 마음도 마루처럼 매일 갈고닦아야 한다는 사실을.

위 이야기는 우리 마음이 늘 갈고닦아야만 깨끗해진다는 사실을 알려주고 있다. 이렇게 이야기를 읽고 의미를 발견한 후에는 구체적인 사례를 생각해보고 이야기의 의미가 현실에서 어떻게 적용될 수 있는지 생각해봐야 한다.

책을 읽는 경우를 생각해보자. 많은 사람들이 책을 읽고 공부를 해도 금방 잊어버린다고 하소연한다. 하지만 매일 청소를 하듯 다시 읽기를 반복한다면 새로운 지식을 잊어버리지 않게 될 것이다.

영어단어를 외웠는데 금방 잊어버리는 경험은 누구나 한다. 단어가 자기 것이 되려면 반복하고 또 반복하는 방법밖에 없다. 반복이야말로 최고의 공부법이다. 공부는 위 이야기의 생활 속 사례라고 할 수 있다.

　이렇게 현실의 사례를 쉽게 찾아낼 수 있는 경우가 있는가 하면 그렇지 않은 경우도 있다. 이때는 그와 관련이 있는 역사적인 사건이나 익히 알고 있는 이야기를 떠올려보는 것이 도움이 된다. 흔히 박수칠 때 떠나라고들 한다. 이 말의 구체적인 사례를 주변에서 찾기가 어려울 수 있다. 이때는 역사적 사건이나 이야기를 생각해보면 된다. 박수칠 때 떠나라는 말과 관련된 고사성어가 있다. 바로 공성신퇴(功成身退)다. 공성신퇴는 공을 이루고 난 후에는 물러난다는 뜻으로 《도덕경(道德經)》에 근원을 두고 있다.

　성공적으로 공성신퇴를 실천한 사람 중에 가장 돋보이는 이는 아마도 범려일 것이다. 범려는 월나라 왕 구천이 복수를 하도록 도운 후, 그 일이 성공하자 편지 한 통만을 남기고 떠나버린다. 자신이 모셨던 구천이라는 왕은 어려움은 함께할 수 있어도 성공은 함께할 수 없는 사람이라는 것을 알았기 때문이다. 반면 그의 조력자였던 문종은 권력을 누리기 위해 버티다가 결국 죽임을 당한다.

　《초한지》의 장량도 마찬가지다. 장량은 한나라의 유방이 초나라와의 전쟁에서 이길 수 있도록 온갖 노력을 기울인 전략가였다. 전쟁에서 승리하자 장량은 권력을 모두 내려놓고 신선이 되겠다며 절경으로 유명한 장가계(張家界)로 숨어들어 갔다. 덕분에 혼란한 세상을 통일한 그의 공은 그대로 남아 후세인들에게 칭송을 받았고 목숨도 부지할 수 있었다.

반면 파초대원수 한신은 스스로 왕이 되겠다며 권력을 추구하는 바람에 천수를 다하지 못하고 반역죄로 죽었다. 공을 이루고 이름을 얻었으면 몸을 낮추고 언행을 조심해야 한다는 하늘의 도(道)를 한신은 잊어버리고 말았던 것이다.

> 집 나귀가 해바라기하고 있는 것을 본 들 나귀가 다가가서 윤기 흐르는 건강과 맛있는 먹이에 대해 치하를 했습니다. 그 뒤 들 나귀는 집 나귀가 등에 짐을 지고 가는 것을 보았지요. 마부가 뒤따르며 매질을 하는 것이었습니다. 들 나귀는 말했습니다.
> "이제 치하를 할 수 없구료. 많이 먹고 대신 비싼 대가를 치러야 한다는 것을 보게 되니 말이오."
>
> -《이솝우화집》

이 이야기는 세상에 공짜는 없다는 의미를 담고 있다. 주인이 주는 밥을 먹는 집 나귀는 주인이 시키는 일을 해야 한다. 하기 싫어도 어쩔 수 없고 매질도 감내할 수밖에 없다. 반면 들 나귀는 강제 노동이나 매질은 피할 수 있지만 늘 배고픔을 견디며 살아야 한다.

주는 것이 있어야 받는 법이고, 뭔가를 받아내려면 양보하는 것도 있어야 하는 법이다.

직장생활을 하는 사람이라면 이 사실을 뼈저리게 느낄 것이다. '회사가 전쟁터라고? 밀어낼 때까지 그만두지 마라. 밖은 지옥이다' 라는 유명한 드라마의 대사처럼 생존은 그리 쉬운 일이 아니다. 그래서 힘겹고 고달프지만 참고 견디는 삶을 선택하는 것이다. 그나마 줄 것이 있는 사람이라면 다행인지도 모른다.

이 이야기와 함께 생각해볼 수 있는 역사적 인물이 김춘추가 아닐까 싶다. 7세기 중엽 신라는 삼국 중에서 가장 열세였다. 영토나 인구, 군사력 등 모든 면에서 고구려와 백제에 밀렸고 두 나라에 포위당해 나라의 운명이 백척간두였다. 특히 백제는 신라의 진흥왕이 성왕을 죽인 일에 대한 복수를 위해 신라를 끊임없이 공격하고 있었다. 이런 상황에서 신라가 선택할 수 있는 건 동맹을 통해 군사적 열세를 극복하는 방법뿐이었다. 신라는 김춘추를 내세워 당나라와 외교협상에 들어간다. 백제군에게 딸을 잃은 김춘추였기에 그의 입장도 절박했다.

당나라로 건너간 김춘추는 당 태종에게 신라의 전통적인 복장을 버리고 관리들이 입는 옷을 중국의 것으로 바꾸겠다고 말한다. 옷은 그 나라를 상징하는 것이나 다름없는데 그것을 중국 것으로 바꾸겠다는 것이었다. 게다가 신라의 독자적인 연호(年號)를 버리고 당의 연호를 받아들이겠다고 선언한다. 연호는 주권을 가진 나라에서 사용하는 것으로 새로운 임금이 즉위하면 연호를 사용해서 시대의 기준으로 삼는 독립왕국의 징표였다.

그뿐 아니라 김춘추는 함께 간 자신의 셋째 아들 문왕(文王)을 당나라에 남겨두고 숙위(宿衛)할 수 있도록 해달라고 요청한다. 숙위란 임금을 옆에서 보필하는 것을 말하는데, 말이 숙위였지 사실은 인질이라 할 수 있었다. 아마도 김춘추는 두 가지를 노렸을 것이다. 하나는 아들을 남겨두어 당 태종의 신임을 얻는 것이고, 또하나는 아들을 통해 당나라의 동향을 감시하는 한편 연락을 주고받을 수 있는 중요 통로로 활용하는 것이다.

이런 굴욕적이기까지 한 양보 끝에 동맹은 성공적으로 완수된다. 그 결과 신라는 당나라와 군사동맹을 통해 백제와 고구려를 멸망시킨다. 신라 입장에서는 나라도 지키고 괴롭히던 나라도 멸망시킨 일거양득의 결과였다.

이 협상을 두고 역사가들 사이에 논쟁이 많다. 나라를 팔아먹은 협상이라는 비하를 듣는가 하면 극단적인 상황에서 나라의 운명을 구한 영웅적 행동이라는 평가가 그렇다. 물론 이 문제는 어느 입장에서 보느냐에 따라 옳고 그름이 달라질 수 있다. 여기서 생각할 것은 김춘추가 자신이 원하는 것을 얻으려면 상대방이 원하는 것을 내놓아야 한다는 사실을 알고 있었다는 점이다. 세상에 공짜는 없다는 것을 알 때 이런 협상이 가능하다.

이렇게 이야기와 관련된 역사적 사건을 떠올려보고 그것을 증명할 수 있는 사례들과 연결해보면 내용이 구체화되면서 어떤 원리 같은 것을 얻었다는 느낌을 받게 된다. 이런 과정에서 자기만의 논리가 생기고 삶에 대한 가치관이나 철학을 얻는다. 책을 읽어도 여러 지식으로 혼란스럽기만 하고 자기 생각이나 삶의 원칙 같은 철학이 생기지 않는 것은 이런 과정을 거치지 않기 때문이다. 공부를 하고 사례를 찾고 그 과정을 통해 생활 속 원리로 이해할 때, 이것이 현실에서 실천과 응용이 가능한 원리로 작동한다.

다른 사람을 가르치는 일을 하는 사람이라면 이 과정이 더욱 중요하다. 어떤 원리가 있고 그 원리를 증명할 수 있는 구체적인 사례를 다양하게 가지고 있다면 사람들을 설득하는 데 훨씬 유리하기 때문이다. 글을 쓸 때도 마찬가지다. 자신이 하고자 하는 이야기를 원리만 강조해서는 좋은 글이라고 할 수 없다. 구체적인 사례와 역사적 안목이 있는 이야기들로 증명해 보일 수 있어야 한다. 그래서 원리도 중요하지만, 그와 관련된 사례들을 잘 찾아내고 설득력 있게 연결해내려는 노력이 중요한 것이다.

명언에서
나만의 사례 찾기

!

"나는 돌이킬 수 없는 길보다 돌아오지 않는 길을 선택하겠다."

자본주의 체제 안에서 살아가는 사람들이 공산주의자의 모습에 환호하는 아이러니한 상황을 만들어낸 인물이 있다. 잘생긴 얼굴에 진실함에서 우러나는 고매한 인간성으로 사람들을 매료시킨 인물. 타고난 긍정성과 유머감각, 무엇보다 멈추지 않는 진실에 열정으로 돌아오지 않는 길을 선택했던 체 게바라가 바로 그다.

체 게바라는 1928년 아르헨티나에서 태어났다. 이십대 초반에 모터가 달린 작은 자전거를 타고 아르헨티나, 칠레, 볼리비아, 페루 등 각국을 여행하며 나환자촌에서 봉사활동을 하는 등 민중의 삶밑바닥을 경험했다. 의과대학을 졸업했지만 의사의 길이 아닌 혁명가의 길을 가기 위해 부모님에게 작별 편지를 쓰고 볼리비아로 떠난 후 여러 나라에서 혁명 활동을 하다 카스트로와의 운명적인 만남을 통해 쿠바 상륙작전에 뛰어든다. 게릴라전으로 바티스타 정권을 내쫓고 쿠바혁명의 극적인 주인공이 된다. 새로운 국가 건설에 힘쓰던 어느 날, 맡고 있던 장관직과 사령관의 지위를 버리고 자신의 '보잘것없는 힘'을 필요로 하는 볼리비아로 떠난다. 그리고 그곳에서 게릴라 활동을 하다 정부군에 붙잡혀 총살당한다. 그의 나이 서른아홉이었고 다시 돌아오지 않았다.

좋아하는 작가나 인물이 쓴 글을 읽다 보면 가슴을 울리는 문장을 만나는 경우가 있다. 이런 문장들은 읽는 것만으로도 벅찬 감동을 느끼고 나도 뭔가 해야겠다는 결심을 하게 된다. 하지만 그 감동이 나를 변화시키게 하려면 추가적인 노력이 필요하다. 그것은 글 쓴 사람의 경험이 아닌 자신의 상황에서 구체적으로 할 수 있는 행동을 찾아내는 일이다.

"마음속에 생겨난 두려움을 사라지게 만드는 유일한 방법은 실제 현실과 부딪힘으로써 그 두려움을 날려버리는 것뿐이다."

체 게바라는 이 말을 하면서 자신이 실제 경험했던 이야기를 들려준다. 모터가 달린 자전거를 타고 남미의 여러 나라를 여행하던 때였다. 처음 그가 자전거 한 대에 몸을 싣고 여행을 시작했을 때는 안전하게 자신이 원하는 곳으로 갈 수 없을지도 모른다는 두려움이 많았다고 한다. 그러다 실제로 먼지투성이 땅바닥에 자전거가 내동댕이쳐지고 나자 그런 두려움이 사라졌다. 그리고 다음번에 내동댕이쳐졌을 때는 제법 다치지 않고 넘어질 수 있게 되었고 자기 안의 두려움이 완전히 사라지고 있음을 느낀다. 결국 타이어가 완전히 못쓰게 되어버린 막다른 상황에서도 자신감을 가질 수 있었다. 어떻게든 살아갈 수 있고 어디든 갈 방법은 있다는 것을 경험으로 알게 되었기 때문이다.

'현실과 부딪치면서 나에게 두려움이 사라졌던 경험은 언제였는가?' 이런 질문을 스스로에게 던져보면 그의 말이 실제로 어떤 힘이 있으며 내가 어떻게 활용할 수 있는지를 알게 된다. 혼자 생활하는 데 익숙한 사람들은 다른 사람들에게 부탁하는 것을 어려워하거나 요구하는 것에 부담을 느끼는 경우가 많다. 이런 경향이 심해지면 자신의 당연한 권리까지도 요구하지 못하고 마음만 졸이게 된다. 이때 가장 좋은 방법은 그냥 해보는 것이다. 상대방이 거절을 하든, 나에 대해 나쁘게 생각하든 상관없이 그냥 부탁하고 요구하는 것이다. 그러면 실제로 상대방이 크게 신경 쓰지 않으면서 긍정적으로 받아주는 경우가 있다. 최악의 경우 거절을 당했다고 하더라도 그 경험에서도 배울 수 있다. 거절을 당하다 보면 그것에 익숙해지고 별것 아니라는 사실을 느끼게 된다. 부딪치면 별것 아니지만 피하면 더 두려워진다.

이런 경험을 떠올리고 연결해낼 수 있을 때 체 게바라의 말은 감동을 넘어 확신까지 심어준다. 또한 그 확신으로 행동할 수 있는 에너지도 얻을 수 있다.

이번에는 아인슈타인의 명언을 살펴보자.

"종교 없는 과학은 절름발이이며, 과학 없는 종교는 장님이다."

이렇게 대구를 이루는 문장들을 종종 만난다. 무슨 뜻인지 한참을 생각해야 하는 경우도 많다. 이때 그 사례를 잘 찾아내면 문장의 의미를 이해하는 데 도움을 얻을 수 있다. 여기서 절름발이라는 표현은 완전하지 않다는 것이며, 장님이라는 표현 또한 앞가림을 제대로 못 해 맹목적일 수 있다는 뜻으로 이해하면 될 것이다.

종교 없는 과학이란 무슨 뜻일까? 구체적인 사례를 생각해보자. 종교는 어떤 존재나 생각에 대한 믿음이다. 마땅히 그러해야 하는 것에 대한 믿음이 종교다. 과학은 사물의 원리와 법칙을 말한다. 종교 없는 과학은 원리와 법칙이 바람직한 방향을 가지지 못하는 경우를 말한다. 기독교에서는 '네 이웃을 사랑하라'고 말한다. 과학은 원자폭탄을 만들어낼 수 있다. 종교 없는 과학은 원자폭탄을 이웃에게 쏘는 것으로 설명될 수 있을 것이다. 과학이 좋은 의도, 좋은 방향으로 사용되려면 종교가 필요한 것이다. 물론 이때의 종교는 자기만이 옳다고 주장하는 근본주의적 성향의 것들과는 구분되어야 한다.

과학 없는 종교는 어떨까? 절대자나 올바른 것에 대한 믿음은 강한데 세상의 원리와 질서에 대해서 알지 못하는 상황이 될 것이다. 중세까지만 해도 지구가 우주의 중심이라고 생각했다. 하느님이 만든 인간과 세상이 우주의 중심이 되는 게 당연했기 때문이다. 훗날 과학의 발전에 따라 무너지긴 했지만, 그와 같은 잘못된 믿음으로 인해 많은 사람이 고통받았다. 대표적인 사람이 조르다노 부르노(Giordano Bruno)였다. 그는 우주는 무한하며 태양은 수많은 별 중 하나일 뿐이라고 주장했고, 태양이 지구를 도는 것이 아니라 지구가 태양 주위를 돈다고 주장했다. 하지만 당시 교회는 그 주장을 위험한 것으로 여겨 그를 광장으로 끌어내 화형시켰다. 네 이웃을 사랑해야 할 종교가 이웃에게 해를 가한 것이다. 화형당하는 자리에서 부르노는 이렇게 말했다고 한다.

"말뚝에 묶여 있는 나보다 나를 묶고 불태우려는 당신들이 더 공포에 떨고 있다."

교황청은 1992년에 이르러서야 지동설이 신앙에 반하지 않는다는 인정을 함으로써 과학과 화해했다. 종교는 과학을 잘 받아들이고 수용할 때 성장하고 깊어질 수 있다.

"국제사회의 질서를 위협하는 최대의 장해는 과장된 민족주의다. 민족주의는 소아병이자 인류의 홍역이다. 하지만 그것은 애국심이 라는 허울 좋은 이름 아래 버젓이 활개를 치고 있다."

한때 민족주의는 나라와 국민을 위해 꼭 필요한 정신이었다. 일제 강점기가 대표적이다. 당시의 민족주의는 국민을 단결시켜주었고 제국주의에 대항해서 함께 싸울 수 있는 정신적 바탕이 되어주었다. 위기와 어려움을 극복하도록 집단적 열정을 불러일으킬 수 있었다. 하지만 국가의 장벽이 무너지고 다문화 시대가 열린 지금 민족주의는 기회의 제약과 인간에 대한 소외로 연결될 위험을 안고 있다.

특히 민족주의가 종교와 결합되는 경우가 그렇다. 대표적인 예가 IS다. 이라크 전쟁 기간을 통해서 성장한 IS는 이슬람 국가(Islamic State)를 자처하며 잔혹한 방법으로 자신들의 존재를 알리고 있다. 요즘 말하는 이슬람 극단주의의 대표적인 사례다. 이슬람 극단주의는 전통과 교리를 지켜 무함마드의 기본 정신으로 돌아가야 한다는 경향을 말하는데, 그것이 절대적이고 다른 종교에 대해서 배타적인 태도를 취한다는 점에서 문제가 된다. 이슬람은 역사적 과정에서 서구에 비해 경제, 과학적으로 뒤떨어지게 되었고 경제적인 면에서 예속되는 경험을 했다. 그 좌절을 극복하는 상황에서 등장한 것이 이슬람 극단주의다. 문제는 그것이 극단으로 흘러 알카

에다와 IS처럼 폭력을 당연시한다는 것이다.

역사적으로 민족주의와 종교는 국민을 통제하고 지배하는 중요한 이데올로기로 작용해왔다. 국민의 정서와 정신을 통제하고 자신들의 지배를 합리화하기 위해 활용된 것이 민족주의와 종교였다. 이런 사실을 아는 사람들은 지나친 민족주의로 흐르지 않도록 조심할 것이다. 정신적 균형을 이룬 사람들은 한쪽으로 치우치지 않기에 이용당하거나 통제되지 않는다. 국민의 의식이 성장해야 좋은 나라를 만들 수 있음이다.

체 게바라, 아인슈타인 같은 사람들의 명언을 읽으며 옳다고 손뼉만 칠 것이 아니라 그 구체적인 사례를 찾아보자. 현실적인 경험에서 그 문장을 찾아낼 때 배움이 구체화된다.

자기계발서
깊이 읽기

인문학 공부가 힘들고 어렵게 느끼는 경우 혹은 책 읽기에 익숙하지 않은 경우에는 명쾌한 책을 읽으면서 독서와 친해지는 것이 좋다. 책과 친하지 않은 사람이 독서에 재미를 붙일 때 가장 수월하게 읽을 수 있는 것이 자기계발서다. 자기계발서는 주장이 선명하고 구체적인 사례들을 제시하므로 내용을 이해하기가 쉽다. 게다가 일상에 활용할 수 있어 생활과의 관련성도 깊다.

자기계발서는 성장을 위한 원리를 배우고 훈련하는 것이 목적이기 때문에 원리를 이해하고 현실적인 사례를 찾아내려는 노력이 중요하다. 자기계발서를 통해 구체적인 사례를 찾는 연습이 가능한 것이다. 그리고 이런 연습에 익숙해지면 인문학책을 읽는 데도 도움이 된다. 자기계발서를 읽고 공부해본 경험을 바탕으로 구체적으로 공부하는 방법을 정리해보자면 이런 단계가 될 듯하다.

1. 원리를 이해한다.
2. 원리의 의미를 발견한다.
3. 적용되는 사례를 발견한다.
4. 자신의 생활에서 실천할 방법을 발견하고 계획한다.
5. 실천하고 피드백한다.

어떤 공부를 하든 그 속에서 의미를 발견하는 것은 깨달음으로 이어진다. 이런 깨달음이 공부의 즐거움인데 자기계발의 성격이 강한 책에서는 성장에 대한 열정으로 이어지는 경우가 많다. 한마디로 동기부여가 되는 것이다.

그런 후에 그에 따른 사례를 찾아내는 것은 현실적으로 중요한 역할을 한다. 그 과정을 통해 원리가 옳은 것인지, 나에게 적합한지, 현실적인 가능성은 있는지 등이 확인되기 때문이다. 생활 속에서 사례를 발견할 수 없다면 원리를 정확하게 이해한 것이 아니거나 실천하기 어려워 현실성이 없는 경우일 가능성이 크다.

"설거지, 옷 입기, 청소처럼 단순한 일도 충분한 정성을 기울이면 응분의 보상을 얻을 수 있다."

칙센트미하이의 《몰입의 즐거움》의 한 부분이다. 이 문장을 공부 방법을 따라 살펴보자. 사소한 일들에서도 보상을 얻을 수 있다는 말은 몰입이 주는 기쁨, 일을 해냈다는 자긍심 같은 것을 얻을 수 있다는 뜻일 것이다. 우리가 하찮게 생각하고 대충 해버리는 설거지와 청소 같은 일들에서도 재미를 얻을 수 있다면 일상이 즐거운 일이 될 것이다. 그러므로 작은 일에서 기쁨과 보람을 찾는 것은 중요한 일이다.

군대에 가면 아침저녁으로 침구검사를 받아야 한다. 모포가 잘 개어져 있는지 등을 점검받는데 깔끔하지 않을 경우 고생할 각오를 해야 한다. 이때 대부분의 장병은 군인이 총만 잘 쏘면 되지 침구를 그렇게 각이 잡히도록 정돈할 필요는 없지 않느냐고 불평한다. 심지어 자신들을 괴롭히는 방법의 하나라고 여기기도 한다.

이런 불평에 대해 미 해군의 한 지휘관이 자신이 젊은 시절 부대에 배치받고 훈련받던 시절을 상기하면서 한 말을 들은 적이 있다. 그는 아침에 침구를 정리정돈하는 일이 하루의 첫 과업을 완수했다는 뿌듯함을 준다고 말했다. 그리고 그것을 통해 다음 과업을 수행할 용기를 얻을 수 있다고 했다. 이것은 인생의 사소한 일이 중요하다는 사실을 알려주며, 작은 일을 제대로 해내지 못하면 큰일 역시 해내지 못하게 되리라는 것과 관련이 있다고 밝혔다. 게다가 하루의 일과를 망치고 돌아왔을 때 깨끗하게 정돈된 침대를 보며 나는 괜찮은 사람이니 내일은 다시 시작할 수 있을 것이라는 희망도 얻을 것이라고 했다. 자신이 해놓은 작은 것에서 일상의 용기를 얻을 수 있다는 뜻일 것이다.

우리 삶에서 대단한 일을 할 기회는 많지 않다. 대부분 사소한 것들이며 이것들이 모여서 우리 삶을 구성한다. 그런 점에서 사소한 일들에 어떻게 대응하느냐는 중요한 문제임이 분명하다. 사소한 일들에서 기쁨과 보람을 얻는다면 인생을 구원한 것과 다름없을 것이다. 칙센트미하이의 말에는 이런 의미가 담겨 있다.

의미를 발견했으니 구체적인 사례를 찾아보자. 그는 설거지, 옷 입기, 청소처럼 단순한 일도 기쁨과 보람 같은 보상을 받을 수 있으며 그러기 위해서는 충분히 정성을 기울여야 한다고 말한다. 여기서 충분히 정성을 기울여야 한다는 말을 어떻게 이해해야 할까? 이 점을 알아야 생활 속에서 사례를 찾아낼 수 있다. 일단 정성을 기울이기 위해서는 열과 성을 다하겠다는 마음가짐이 필요하다. 그리고 대충 하기보다는 충분히 시간을 가지고 충실해서 일을 깔끔하게 마무리해야 한다. 여기에 자신이 생각해둔 계획에 따라 차근차근 진행하는 통제력을 가지는 것도 중요하다.

이런 생각과 방법으로 설거지나 청소를 해본 적이 언제인지 생각해보자. 휴일에 밀린 집 안 청소를 한 후 기분이 상쾌했던 적이 있을 수도 있고, 평소에 대충 하던 설거지를 마음먹고 깔끔하게 끝낸 후 아내에게 칭찬받은 경험이 있을 수도 있다. 주부라면 이런 경험을 떠올리기가 더욱 쉬울 것이다. 그때의 마음가짐과 일을 했던 방법과 그 후의 결과가 주는 보상을 생각해보면 칙센트미하이의 말에 공감할 수 있을 것이다.

이런 경험을 통해서 저자의 말이나 원리를 이해할 수 있다면 삶을 변화시킬 기회를 얻을 수 있다. 그다음의 문제는 실천과 그 과정에서 피드백을 반복하며 성공적인 결과를 위해 충분한 노력을 기울일 수 있느냐 하는 것이다.

원리에 따른 사례를 생각해냈다면 다음에는 구체적으로 그것을 실행할 방법을 생각해봐야 한다. 방법을 찾을 때 아이디어를 발견하고 성과를 높일 가능성이 커지기 때문이다. 청소를 한 후 뿌듯했던 사례를 떠올린 후에는 어떻게 청소하는 것이 몰입의 경험을 낳을 수 있고 가슴 뿌듯한 느낌을 남기는지 자세히 생각해보자. 그 방법들이 구체적으로 떠오른다면 앞으로 청소를 할 때 그런 방법을 사용하면 될 것이다. 이렇게 구체적인 방법을 떠올릴 수 있다면 배움이 책 속의 이론으로 끝나지 않고 현실에서 활용 가능한 살아있는 것이 된다.

스티븐 코비는 《성공하는 사람들의 7가지 습관》에서 "먼저 이해하고 이해시켜라"라고 말한다. 상대방의 입장이나 생각을 내가 먼저 이해한 후 상대방을 이해시켜야지 내 생각을 먼저 상대방에게 강요해서는 안 된다. 내 생각을 먼저 주장한다면 상대방은 자신의 생각을 인정받을 기회를 얻을 수 없기 때문이다. 이런 원리를 이해했다면 그 구체적인 방법을 찾아낼 수 있어야 한다. 그 방법은 이런 질문을 던지는 것이다.

'내가 먼저 상대방의 생각을 이해하려면 어떻게 해야 할까?'

상대방을 이해해야겠다는 목적으로 그 방법을 생각하는 것은 단순히 이해해주자고 생각하는 것과는 차이가 있다. 원리만 이해하는 것을 넘어 일상적인 실천의 방법을 찾아주기 때문이다. 시간을 충분히 가지자, 내 관점을 버리고 상대방의 입장에서 생각하자, 그 사람을 대하는 나의 목적을 잊자, 고개를 끄덕여주고 맞장구를 치자 같은 다양한 방법을 생각해낼 수 있다. 이 방법들이 구체적인 실천지침이 되면 공부가 현실적인 도움을 준다.

경험이 부족하거나 공부의 양이 축적되지 않은 경우 이런 실천적인 방법들을 찾아내기가 어려울 수도 있다. 그럴 때는 이 방법을 찾아내는 것 또한 공부라는 사실을 생각해야 한다. 책만 읽는 것이 공부가 아니라 구체적인 방법을 찾으면서 다양한 정보를 얻어내는 것도 중요한 공부인 것이다. 이런 방법을 찾아내려면 검색을 하는 것이 가장 수월할 것이다. '경청하는 방법'이라는 키워드로만 검색해도 수많은 정보와 방법이 발견된다. 검색 외에도 노하우가 있을 법한 사람들에게 물어보는 방법이 있다. 생활에서 경험을 축적한 사람들은 책이나 인터넷에서 말하는 방법보다 훨씬 가능성 있는 대안들을 내놓는 경우가 많다.

이렇게 방법들을 학습한 후에 계획을 잡고 실천하면서 잘 되는 부분과 그렇지 않은 부분을 가려내고, 잘 되지 않은 이유를 분석하여 다음 실천에 반영하기를 반복한다면 분명 원하는 변화를 얻을 수 있을 것이다.

책을 읽는
세 가지 방법

오랫동안 책을 읽다 보니 책을 읽는 방법에 대해서 제법 노하우가 생겼다. 말이 노하우지 일종의 편법에 가깝다. 비록 편법이라고 해도 자꾸 하다 보면 제법 효과가 있는 노하우가 될 수도 있다. 얼마 전 읽었던 책들을 살펴보면서 스스로 어떤 방법으로 책을 읽는지 살펴보니 주로 세 가지 방법으로 읽는다는 것을 알게 되었다.

첫 번째 방법은 보통 사람들이 하는 방법으로 처음부터 끝까지 책의 순서대로 읽어나가는 방법이다. 이 방법은 책을 작가가 의도한 바에 따라 순서대로 읽어나간다는 점에서 유용한 방법이고 기본적인 방법이다. 대부분의 독자가 이런 방식으로 책을 읽는다. 어린 시절부터 읽어온 방식이어서 익숙하기 때문이다. 우리 교육에서도 이 방식을 기본으로 가르치고 있다.

하지만 이 방법은 시간이 많이 걸린다는 점에 어려움이 있다. 한 권의 책을 읽는 데 너무 많은 시간이 걸리면 지치기 쉽다. 책을 다 읽지 못할 수도 있다. 책을 읽는 일은 많은 에너지가 소모되는 일이고 집중력을 발휘해야 하는 일이다. 그래서 강한 정신적 에너지를 사용하다 보면 지치기 쉽고, 성과가 없다 싶으면 포기하게 될 수도 있다.

그런 점에서 차례대로 읽는 방법에 대해서는 다시 생각해봐야 한다. 책을 읽는 기본적인 방법이기는 하지만 모든 책을 그렇게 읽을 필요는 없다는 생각이다. 《데미안》처럼 흐름이 있고 차례대로 읽어나가는 것이 중요한 문학 작품의 경우에는 이런 방법이 좋을 것이다. 하지만 《논어》나 《이솝 우화집》이라면 꼭 차례대로 읽을 필요는 없다. 《논어》는 목적의식적으로 내용을 나누어서 쓴 책이 아니기 때문에 순서대로 읽는 것이 그렇게 중요하지 않다. 《이솝 우화집》도 짧은 이야기의 모음이기 때문에 어느 이야기를 먼저 읽느냐가 책을 이해하는 데 영향을 미치지 않는다. 이런 경우는 다른 방법이 필요한 것이다.

이렇게 차례대로 읽을 필요가 없는 책을 만나면 필요한 부분만 찾아 읽는 두 번째 방법도 있다. 이때 필요한 부분이란 평소 궁금했던 내용이나 내게 도움이 될 만한 내용을 말한다. 내게 필요한 부분이 어디에 있는지를 찾아내는 방법은 목차를 보는 것이다. 목차를 보고 내게 필요한 내용이라면 그 부분만 찾아서 집중적으로 살펴보면 된다. 물론 나머지 부분은 읽지 않고 그대로 놔둔다.

이 방법의 장점은 무엇보다 실용성에 있다. 필요한 부분을 찾아서 읽기 때문에 실용성이 강화되고 공부에 재미가 붙을 수 있다. 또 시간을 절약할 수 있기 때문에 여러 권의 책을 읽을 수 있는 시간을 확보할 수 있다.

물론 단점도 있다. 책의 전체적인 내용을 다 이해할 수 없다는 점이 가장 큰 단점이다. 책의 흐름을 알기도 어렵고 핵심을 찾는 데도 한계가 있다. 그래서 이런 방법은 자기계발서나 정보를 제공하는 책을 읽을 때 주로 사용한다. 물론 책을 읽다가 재미가 없어서 계속 읽기 힘들 때 사용하기도 한다.

《이솝 우화집》은 처음부터 끝까지 차근차근 읽어나갈 수 있다. 하지만 이야기가 반복되거나 지루해지면 읽기가 싫어진다. 이럴 때는 목차에서 재미있어 보이는 이야기만 읽어보자. 책을 다 읽지 않아도 재미있는 부분을 뽑아서 읽기 때문에 독서에 흥미를 떨어뜨리지 않을 수 있다. 《논어》 역시 관심이 가는 편을 중심으로 읽다 보면 한 편 한 편을 읽게 되고, 순서와 관계없이 모든 편을 읽을 수 있다.

사마천의 《사기열전》은 너무 두꺼워서 읽는 데 많은 시간이 걸렸다. 게다가 재미가 없는 부분도 있어서 오래 집중력을 유지하기가 어려웠다. 그래서 목차를 보고 관심이 가는 사람, 이름이 익숙한 사람을 중심으로 읽어보았다. 《사기열전》은 인물별로 목차가 구성되어 있다. 이렇게 한 사람씩 가려 뽑아 읽다 보니 어느덧 대부분을 읽어낼 수 있었다.

《논어》를 읽는 방법도 마찬가지다. 처음부터 끝까지 차례대로 읽을 필요가 없다. 책을 펼칠 때 아무 쪽이든 펼쳐지는 부분부터 읽어도 괜찮다. 혹은 인터넷을 보다가 내용이 《논어》에서 인용된 것이라면 그때 해당하는 부분을 찾아서 읽어도 좋다. 이런 방법으로 읽다 보면 《논어》와 친해질 수 있다. 친해지면 접근하기가 수월해지고 자신감도 생긴다. 이렇게 친숙해진 후에 시간이 날 때 처음부터 끝까지 완독하는 방법도 좋다. 특히 청소년이나 책과 친하지 않은 이들이 사용할 수 있는 좋은 방법이다.

세 번째 방법은 훑어 읽는 방법이다. 먼저 책의 목차에 따라 차례대로 읽어간다. 대신 키워드를 중심으로 빠르게 읽으면서 내용 파악에 집중한다. 간단한 내용은 넘어가고 중요한 단어들을 중심으로 핵심을 찾아내기 위해 노력하며 읽는다. 그런 후에 중요한 내용이나 궁금했던 내용이 나오면 그때부터 집중해서 천천히 읽어간다. 앞선 두 방법의 장단점을 절충한 방법으로, 책의 목차에 따라 빨리 읽어가되 내용 파악에 집중하는 것이 중요하다.

이 방법은 장점은 시간을 절약할 수 있다는 것이다. 책의 중요한 내용을 파악하며 흘려 읽기 때문에 전체적인 흐름도 알 수 있다. 그리고 중요한 내용이 발견되면 그때부터 집중해서 읽기 때문에 필요한 내용을 발견하고 공부하는 데 좋다. 물론 책의 전반적인 흐름은 알 수 있다고 하지만 자세한 흐름을 알기는 어렵다. 게다가 흘려 읽기를 하다 보면 놓치는 부분도 있기 때문에 중요한 부분을 놓치거나 흐름을 제대로 이해하지 못할 수도 있다. 이런 위험이 있음을 알고 적절히 활용하는 것이 중요하다.

이 방법으로 《논어》를 읽는다면 어떻게 될까? 일단 첫 쪽부터 한 문장씩 읽어가면서 전체적인 내용을 파악하는 데 주력한다. 그러다가 중요한 내용이다 싶으면 그 부분을 집중적으로 읽어나간다. 이런 방법으로 읽어나가려면 책의 전반적인 내용이나 흐름, 핵심에 대해서 기초지식이 있는 것이 좋다. 《논어》에 대해 안내해주는 자료를 본 후 이런 방법을 사용하면 더 효과적일 것이다.

공자가 인과 예를 강조했다는 것을 미리 알고 있다면 《논어》를 흘려 읽기 하다가 인이나 예와 관련된 부분이 나오면 그 부분을 자세히 읽는 것이다. 혹은 평소 '배움의 정신'에 관심이 있다면 배움과 관련된 내용이 나올 때 그 부분을 집중적으로 살펴볼 수도 있다.

이런 방법은 나름의 주제의식이나 목적의식을 가지고 있을 때 효과가 높다. 주제의식이 없다면 의식적으로 가져보는 것도 좋은 일이다. 주제의식을 가지는 방법 중 하나는 어떤 주제에 대해서 책을 쓰겠다는 목표를 세우는 것이다.

 이런 독서 방법들은 획일적으로 적용될 수 있는 것이 아니라 책에 따라서 상황에 따라서 다르게 적용되어야 한다. 그러자면 처음부터 순서대로 책을 읽어야 한다는 기존의 독서법에 대한 집착에서 벗어날 필요가 있다. 백과사전이나 철학사전을 첫 쪽부터 읽어나가는 사람은 없다. 국어사전을 처음부터 끝까지 읽어나가는 것은 어리석은 일이다. 백과사전이나 국어사전처럼 활용해야 하는 책이 있음을 알고 기존의 독서 방법에서 벗어나 다양하게 접근하며 읽어갈 필요가 있다는 얘기다. 특히 개념을 파악하거나 구체적인 사례를 찾아낼 때 사전처럼 활용하면 큰 도움을 얻을 수 있다. 한 권의 책을 읽을 때 여러 책을 참고하면서 읽어가는 것이 좋다. 이때 기존에 읽은 책의 목차를 찾아가면서 함께 읽어간다면 보다 깊은 공부로 나아갈 수 있다.

책과
대화하라

!

"우리에게 중요한 것은 최대한 많이 읽고 많이 아는 것이 아니다. 좋은 작품들을 자유롭게 택해 틈날 때마다 읽으면서 타인들이 생각하고 추구했던 그 깊고 넓은 세계를 감지하고 인류의 삶과 맥, 아니 그 총체와 더불어 활발하게 공명하는 관계를 맺는 것이 중요하다."

— 헤르만 헤세

인류는 태초부터 지금까지 수많은 정보와 지식, 통찰을 축적해 왔다. 그 축적된 지식과 지혜의 양은 헤아릴 수 없을 정도로 많고 풍부해서 평생을 배워도 다 얻지 못한다. 아이를 돌보는 방법에서

부터 인생의 목적에 이르기까지 삶을 풍성하게 해주는 끝없는 지혜가 담긴 인류의 보물창고나 마찬가지다. 그런데 이런 보물창고에 한 번도 접속해보지 못하고 삶을 마감한다면 그보다 더 안타까운 일은 없을 것이다. 그 보물창고에 접속하여 지혜의 주머니를 얻는 일이 바로 독서고 공부다.

헤르만 헤세의 말처럼 공부에서 많이 아는 것은 크게 중요하지 않다. 중요한 것은 인류의 무수한 지식과 지혜에 접속해서 공명하는 관계를 맺는 일이다. 지혜는 그 보물창고에 접속하여 공명하는 관계에서 나오기 때문이다. 문제는 구체적으로 어떻게 관계를 맺을 수 있느냐 하는 것이다.

훌륭한 사람이 되는 비결은 뭘까? 훌륭한 사람들의 지식과 품성을 익히는 것이다. 어떻게 그럴 수 있을까? 그들을 따라 하면 된다. 어떻게 따라 할 수 있을까? 그들 입장에서 생각하고 행동하면 된다.

현명하게 살고 싶으면 현명한 사람들의 방식으로 생각하고 행동하면 된다. 하지만 그것이 말처럼 쉬운 일은 아니다. 그래서 필요한 것이 현명한 사람과 대화를 나누는 것이다. 학식이 풍부하고 현명한 사람을 친구로 두고 자주 만나 배울 수 있다면 그만큼 좋은 일도 없다. 하지만 그런 사람을 만나기도 어렵고 시간을 자주 갖기는 더욱 어렵다. 그래서 필요한 것이 책이다. 직접 만나서 묻고 대화하는 것보다는 못할지라도 그에 못지않은 효과를 내는 방법이 있다. 그것은 바로 현명한 사람의 책을 읽으며 대화를 나누는 것이다.

"모든 양서를 읽는다는 것은 지난 몇 세기에 걸친 가장 훌륭한 사람들과 대화를 하는 것과 같다."

– 데카르트

책을 읽는다는 것은 그 자체로 저자와 대화를 나눌 기회를 갖는 것이다. 저자의 생각을 듣고 생각하고 이해하고 자신에게 적용할 수 있는 요소를 발견하는 과정이 독서다. 이때 책을 읽는 사람은 이해되지 않는 것, 궁금한 점들에 의문을 갖게 되고 질문을 던진다. '왜 이렇게 되는 걸까?' '이것은 지나친 확대 해석이 아닐까?' 이런 생각이 들면 그에 대한 대답을 찾기 위해 이리저리 궁리하게 된다. 이때 그 대답을 자신의 입장이 아닌 저자의 입장에서 찾아본다면 저자와 대화를 하는 것과 비슷한 경험을 하게 된다.

사람이 앞에 없는데 어떻게 대화를 나눌 수 있을까? 그 사람의 입장에서 생각해보고 대답해보면 된다. 그 사람의 입장에서 생각하기를 반복하다 보면 자신도 모르게 그 사람과 비슷한 관점에서 세상을 보게 되고 가치관도 닮아간다. 그 사람의 영향력을 수용했기 때문이다.

저자와 대화를 나누는 방법은 간단하다. 내가 질문하고 저자가 대답하는 식으로 실제로 대화를 해보면 된다. 예를 들어 공자와 대화를 한다고 가정해보자.

"인(仁)이 무엇인지 모르겠는데 말씀해주십시오."

이런 질문을 던지면 공자는 어떻게 대답할까? 이런 생각을 하면서 공자 입장에서 대답을 해본다.

"자네는 세상이 왜 이리 혼란스럽다고 생각하는가? 그 이유는 사람들이 서로를 사랑하는 마음이 없기 때문이지. 서로를 아끼고 배려하는 마음이 없으니 온통 자기 생각밖에 없게 되고 결국 세상이 어지러워지는 것이 아니겠는가? 인이란 사람을 사랑하는 마음을 말하는 것이라네."

이렇게 대답할 수도 있을 것이다. 이런 대답을 하려면 공자의 시대와 상황을 고려해야 한다. 그 사람의 입장에서 생각하고 말하면 실제로 그 사람과 닮아간다. 그렇게 하려면 당연히 공자가 살았던 시대와 인생살이에 대해서도 관심을 가져야 하고 어느 정도 알고 있을 필요가 있다.

좀더 익숙해지면 발전적인 질문을 해볼 수도 있다.

"회사에 싫어하는 사람이 있습니다. 공자께서도 싫어하는 사람이 있으셨습니까?"

"나라고 왜 없었겠나. 나도 많았다네."

"어떻게 이겨내셨습니까?"

"이기려고 하지 않았네. 그 사람 또한 나처럼 욕망을 가진 한 인간이 아니겠나. 그 욕망을 인정하고 나와 다르다는 사실을 받아들였지. 그랬더니 마음이 편해지더군."

"나와 다르다는 사실을 받아들이려면 어떻게 해야 할까요?"

"그건 방법이 있는 것이 아닐세. 그냥 받아들이는 것이라네."

이런 식으로 대화를 전개하다 보면 그 과정에서 점점 공자의 구체적인 모습을 떠올릴 수 있고 보다 가까워지는 느낌을 받을 수 있다.

저자와 대화를 나누는 또 다른 방법은 나의 생각과 상반되는 입장에 서보는 것이다. 일부러 상반되는 입장에서 말해봄으로써 내가 생각하지 못한 점들을 발견해내고 생각을 넓힐 기회를 얻을 수 있다는 점에서 무척 좋은 방법이다. 예를 들어 '선행학습은 필요 없다'는 생각을 가졌다고 하자. 보통 자신의 주장을 바꾸지 않는 것이 사람이기 때문에 세상의 정보들 중에서 자신의 주장을 보완하는 내용만 눈에 들어오기 쉽다. 그러다 보니 생각이 고집이 되어 변하지 않게 된다.

이럴 때는 일부러 '선행학습은 필요하다'는 입장에서 그 이유를 생각해볼 필요가 있다. 선행학습을 하면 미리 기본적인 내용을 알고 본격적으로 공부할 수 있기 때문에 공부에 깊이를 가질 수 있다는 등의 이유를 찾아보고 제시하는 것이다. 이렇게 상반되는 입장에서 생각하다 보면 편견이나 선입관에서 벗어날 수 있고 보다 큰 생각의 영역에 도달할 수 있다. 덕분에 생각이 깊고 넓어진다.

생각이 넓다는 것은 하나의 관점이 아닌 여러 관점에서 생각할 수 있다는 것이다. 어떤 사건에 대해서 나의 관점에서만 생각하는 사람은 생각이 넓다고 할 수 없다. 다른 사람의 관점에서도 볼 줄 알아야 하고 제삼자의 관점에서도 생각할 수 있어야 한다. 여기에 과거의 관점, 현재의 관점, 미래의 관점이라는 시간의 영역까지 고려할 수 있다면 생각의 폭과 깊이가 무한히 확대될 수 있다. 이렇게 다양한 관점에서 볼 때 문제의 본질을 이해할 수 있고 해결책도 정확히 제시할 수 있다. 사람에 대한 이해와 세상에 대한 수용력도 당연히 커질 것이다.

책을 읽는 과정은 생각하는 능력을 훈련하는 과정이고, 이를 통해 사람과 세상을 보는 다양한 눈을 얻을 수 있다. 덕분에 우리는 더 풍성한 삶의 영역을 확보할 수 있고 보다 나은 삶을 영위할 수 있다. 헤르만 헤세는 독서의 역할에 대해 이렇게 말한다.

"독서는 우리 삶에 더 높고 풍부한 의미를 부여하는 데 일조할 수 있어야 한다."

깊은 이해의 비결 :

1. 격물치지와 거경궁리: 사물의 이치를 치밀하게 연구하라. 맑고 경건한 마음
   으로 온전히 집중하고, 개념과 인과관계 등을 논리 정연하게 살펴 깊이 연구
   한 후 완전히 이해한다.

2. 구체적인 생활 속 사례를 찾아라. 공부와 현실을 연결해야 살아있는 공부가
   된다. 책에 머물지 말고 구체적인 생활 현장에서 공부의 사례를 찾아 제
   시한다.

3. 자기계발서는 원리를 이해하고 사례를 발견하여 구체적으로 배운 후, 자신
   에게 적용하여 실천하고 피드백하기를 반복한다.

4. 다양한 책을 사전처럼 참고하고 활용하여 깊이 공부한다.

5. 책의 저자와 대화하듯 공부하고, 나의 생각과 상반된 입장에서 생각하여 사
   고의 폭을 확장한다.

나르디아를 들어라

· 3장 ·

독서의 시작과 완성

"'성찰'은 자기 중심이 아닙니다. 시각을 자기 외부에 두고 자기를 바라보는 것입니다. 자기가 어떤 관계 속에 있는가를 깨닫는 것입니다."

- 《담론》, 신영복

흔히들 인생에서 자기성찰이 중요하다고 말한다. 자기를 돌아볼 때 잘못을 발견할 수 있고, 잘했던 경험을 활용할 수도 있기 때문이다. 성찰은 현재의 눈으로 과거를 돌아보는 일이다. 혹은 다른 사람의 눈으로 나를 보는 일이다. 성찰이란 예전과는 다른 눈으로 자신을 바라보는 일인 것이다.

예전과는 다른 눈으로 자신을 보는 방법은 다양하다. 현재의 눈으로 과거를 볼 수도 있고 다른 사람의 눈으로 나를 볼 수도 있으며, 윤리와 양심의 눈으로 볼 수도 있고 미래지향적인 눈으로 볼 수도 있다. 이런 다양한 관점으로 자신을 볼 때 하나의 사실에서 다양한 의미를 발견할 수 있고 종합적인 판단을 할 수 있으며, 인격적으로도 성숙해진다. 인문학은 정신적 성장을 돕는 학문이다. 그런 점에서 자기성찰이 수반되지 못한 공부는 인문학과는 거리가 멀다.

아리스토텔레스는 《수사학》에서 사람을 설득하기 위해서는 세 가지 요소가 필요하다고 말한다. 로고스(Logos), 파토스(Pathos), 에토스(Ethos)가 그것이다.

로고스는 논리 혹은 이성을 뜻하는 말이다. 어떤 주장을 할 때 그 주장이 논리에 맞는지 이성적인 판단에 부합되는지를 따지는데, 이것이 로고스다. 논리와 이성에 부합하려면 그에 적합한 증거를 제시하면 된다. 당연히 적합한 증거를 잘 찾아내서 제시하는 능력이 중요해진다. 평소 꾸준한 독서 활동을 통해서 텍스트의 의미를 발견하고 그 구체적인 사례를 찾아보는 공부는 로고스를 높이는 데 도움을 준다.

파토스는 듣는 사람이나 읽는 사람의 심리상태를 말한다. 글을 읽거나 말을 듣는 사람의 기분에 따라 설득이 될 수도 있고 안 될 수도 있다. 기분이 좋은 상태라면 설득력이 부족해도 수용할 가능성이 크지만, 그렇지 못한 상태라면 아무리 훌륭한 논리를 제시하더라도 요지부동일 것이다. 세일즈를 하는 사람들은 파토스의 중요성을 누구보다도 잘 아는 듯하다. 상대방의 기분을 미리 파악하고 적절한 타이밍에 자신의 이야기를 꺼내는 것이 설득의 성패를 좌우한다는 것을 알고 있다. 함께 식사하면서 이야기를 하려는 이유가 이 때문이다. 배가 부르면 기분이 좋아지는 것이 사람이니까.

에토스는 말하는 사람, 설득하는 사람의 성품이나 영향력을 말한다. 말하는 사람이 진실하고 인성이 훌륭한 사람이어서 다른 사람에게 영향력을 미치는 정도가 강하다면, 많은 이야기를 하지 않아도 상대방이 그의 생각을 수용할 가능성이 커진다. 자신이 잘 알고 친한 사람이면 지지할 가능성이 커진다는 점을 고려하면 충분히 이해가 가는 대목이다.

그렇다면 이 세 가지 요소 중에서 가장 중요한 것은 무엇일까? 아리스토텔레스는 에토스가 가장 중요하다고 믿었다. 설득하는 사람의 영향력과 그것을 결정하는 성품이 듣는 사람에게 큰 영향력을 미치기 때문이다. 한마디로, 설득을 잘하려면 인격적으로 훌륭한 사람이 되어야 한다.

그런데 우리를 돌아보면 그와는 반대되는 생각으로 살아가고 있는 듯하다. 사람을 만날 때 자신의 영향력이나 상대방의 감정에 대한 고려는 하지 않고 자기 논리만으로 상대방을 설득하려 한다. 좋은 평판을 가지고 있거나 평소의 생활태도가 훌륭해서 좋은 인상을 준 경우가 아니라면 주장이 먹혀들기 어렵다. 특히 요즘처럼 다른 사람의 이야기에 관심이 없는 세태를 생각해보면 목소리만 높여서는 좌절감만 커질 뿐이다. 그러면서도 상대방이 잘 들어주지 않고 이해를 못 한다며 불만만 많다.

책을 읽는 사람들 중에도 자신의 설득력을 높이기 위해 지식을 쌓으려는 경우가 있다. 이미 인품이 훌륭하게 형성된 경우가 아니라면 이런 노력은 별 효과를 거둘 수 없을 것이 분명하다. 지식을 쌓고 논리력을 키우기 전에 먼저 인간다운 모습을 갖춘 훌륭한 인격자가 되어야 하기 때문이다. 영향력은 그 사람의 성품에 비례하지 않던가. 아리스토텔레스가 에토스를 강조한 것은 이런 인간관계의 본질을 잘 알고 있었기 때문일 것이다.

그렇다면 에토스를 어떻게 높일 수 있을까?

책을 읽는 사람들은 에토스를 높이는 데 훨씬 유리한 위치에 있다고 할 수 있다. 책을 읽는 활동이 에토스를 높이는 데 도움을 주기 때문이다. 그 방법은 바로 자기성찰이다. 책을 읽으면서 자신을 돌아보는 훈련을 함으로써 인격을 고양하고 품성을 개발할 수 있다. 신영복 선생이 강조한 것처럼 성찰은 눈을 외부에 두고 자기를 관찰하는 활동이다. 의식적으로 자기를 되돌아보고 잘못을 발견하고 보다 나은 존재가 되려는 노력이다. 독서는 자연스럽게 자기 성찰로 이끌어준다는 점에서 최고의 자기성찰 수단이라고 할 수 있다.

옛날 은나라의 탕왕은 자신의 세숫대야에 '일일신 우일신(日日新 又日新)'이라고 새겨두고 자신을 돌아보았다고 한다. 날마다 자신의 잘못을 돌아보고 고쳐서 늘 새로워지려는 의지를 표현한 말이다. 옛사람들은 이미 자기를 돌아보는 일이 새로운 자기를 만드는 근본임을 잘 알고 있었다.

설득력을 높이는 데 중요한 에토스는 그 사람의 성품이나 카리스마, 영향력이라고 했다. 이것은 그의 사람됨을 말하는 것으로 무엇보다 자기를 돌아보는 능력이 있을 때 형성될 수 있다. 말과 행동이 다르고, 자신은 못 하면서 다른 사람에게만 강요하는 사람은 존경받기 어렵다. 자신이 지행일치가 되는지, 자신이 하지 못하는 일을 남에게 강요하고 있진 않은지를 돌아보려면 성찰이 필수적이다. 결국 성찰은 에토스를 높여주고 사회적 영향력을 강화하는 훌륭한 공부인 것이다.

다른 사람을 설득하고 영향력을 미치는 일은 지식만 많다고 되는 것이 아니다. 나 스스로 좋은 사람이 되어 영향력이 저절로 미칠 수 있도록 인품을 갈고닦아야 한다. 이때 독서는 훌륭한 도구가 되어 우리에게 보다 높은 자아와 숭고한 목적에 도달할 수 있도록 돕는다. 독서에서 자기성찰이 중요한 이유가 이것 때문이다.

독서의 시작이 뜻을 이해하고 의미를 파악하는 것이라면 그 완성은 자기를 돌아보고 성찰하는 일임이 분명하다.

선비들의 공부,
자기성찰

이야기나 문장 등에서 의미를 발견하기 어려운 경우가 있다. 이해가 제대로 되지 않았을 때가 그렇다. 공부가 부족해서 그럴 때가 있고 책의 저자가 내용을 제대로 전달하지 못해서 그런 경우도 있다. 또, 의미는 이해되었으나 그 구체적인 사례를 찾기 어려운 경우도 있다. 문장의 성격이 사례를 발견하기에 적합하지 않은 경우다. 이럴 때는 사례를 찾아내려 하기보다는 자신을 돌아보는 성찰을 목적으로 활용해볼 필요가 있다.

예부터 공부를 하는 사람들은 자기를 수양하는 것이 먼저였다. 공부는 맑은 물처럼 자기를 비추는 거울이 되어 말과 행동을 돌아보게 하고 무엇을 고칠 것인가를 살피는 중요한 방법이 되었다. 그래서 《대학》에서도 '수신제가치국평천하(修身齊家治國平天下)'라고 했던 것이다. 공부하는 사람에게 자기를 성찰하는 능력은 요즘 같은 시대에 특히 중요한 듯하다.

공부에는 두 가지 방향이 있다. 하나는 지식을 늘리는 것이고 다른 하나는 자신을 갈고닦는 것이다. 둘 다 필요한 공부이긴 한데 대부분의 사람이 지식을 늘리는 공부에 매달린다는 것이 문제다. 학교에서 하는 공부 대부분이 그렇고, 직장인들이 자기계발을 위해서 하는 공부가 그렇다. 사정이 이렇다 보니 소양을 기르고 인격을 연마하는 일은 뒷전이 되어버렸다. 요즘 인문학이 유행한다고들 하지만 인문학조차도 지식의 대상으로만 생각되는 경우가 많아 독서를 통한 인격의 도야는 점점 멀어지고 있는 것 같다.

사실 이런 경향은 예전에도 다르지 않았던 모양이다. 《논어》에 공자가 사람들의 모습을 비꼬는 듯한 글이 있기 때문이다.

"옛날에 공부하는 사람들은 자신의 수양을 위해서 했는데, 요즘 공부하는 사람들은 남에게 인정받기 위해서 한다."

자기수양을 위해서 공부하려면 글을 통해서 자기를 돌아보아야 한다. 글에서 자신을 반성하고 말과 행동을 고치며 인격을 높이는 일을 수시로 해야 한다. 그런데 공부하는 사람들이 다들 출세를 위해서, 남의 인정을 받기 위해서만 노력하니 자기수양은 뒷전이 되었다. 자기수양이 되려면 지식을 외워서 자랑하려는 태도를 뛰어넘어야 한다.

사실 공부를 하는 데 지식에 대한 욕심이 없을 수는 없는 일이다. 욕심이 없다면 공부 자체가 시작되기 어렵다. 하지만 그 공부의 방향을 조절하고 보다 높고 숭고한 목표를 찾아가는 것 또한 공부라는 사실을 잊어서는 안 된다. 처음에는 지식을 채우기 위해 공부를 시작하지만, 공부를 하다 보면 지식을 채우는 것이 중요한 것이 아니라 자신의 마음과 태도를 제대로 하는 것이 중요하다는 사실을 알게 된다. 이것을 깨달았다면 한 단계 나아간 것이리라.

사람의 욕망이 다양하고 지식이 많은 사람을 인정해주는 풍토가 강하다 보니 남에게 인정받기 위해서 공부하는 경향이 생기는 것은 당연한 일인지도 모른다. 하지만 공부는 자신을 돌아보는 일이 먼저임을 늘 생각하고 스스로 깨우치려는 노력을 그치지 않아야 한다.

무엇인가를 가장 오래 기억하는 방법은 외우는 것이다. 그런데 외우기가 쉽지 않다. 이런 경우 가장 잘 외우는 방법이 있다. 그것은 바로 감탄이다. 깨달음이다. 깨달음에서 오는 감탄이 있을 때 그 경험을 잘 기억할 수 있고 가슴에 오래 담아둘 수 있다. 깨닫고 감탄하는 방법의 으뜸은 자기발견이다. '내가 말만 했지 실천은 하지 못했구나!', '이제 알겠구나, 나한테 무엇이 부족했는지' 이런 자기발견이 있을 때 깨달음이 더욱 커진다. 자기를 돌아보는 것이 깊은 공부로 가는 지름길인 셈이다.

자기성찰을 통해 깨달음을 얻게 되면 지식을 얻기도 쉽다. 이런 지식은 단순히 무엇인가를 아는 데 그치는 것이 아니라 세상의 이치와 원치를 이해하도록 돕는다. 이것을 우리는 지혜라고 부른다. 사람들은 지식만 열심히 쌓으면 이치를 알고 원리를 깨우쳐 지혜를 얻을 수 있다고 생각한다. 그렇지만 그것은 단순한 생각이다. 계단을 한 칸씩 쌓아 올라가면 언젠가는 천국에 도달할 것이라고 생각하는 것과 다를 것이 없다. 천국에 오르려면 그런 방법으로는 불가능하다. 천국은 우리 마음속에 있는 것이기 때문이다. 계단을 오를 것이 아니라 세상을 보는 방법을 바꾸고 삶에 대한 태도를 고쳐야 한다. 그 근본이 자기성찰이다.

나는 어떤가? 자기수양을 위해서 공부하는가, 남에게 인정받기 위해서 공부하는가? 솔직히 남에게 인정받고 싶다는 생각이 큰 경우가 많다. 그런 면에서 아직 공부가 부족하다. 이때의 공부란 지식의 양이 아니라 인격을 수양하려는 노력이다. 공자의 말에서 이런 점을 배울 수 있다면 자기수양을 잘 하고 있음이다.

자기성찰의 매력은 인간에 대한 이해력으로 확장된다는 점이다. 나를 돌아보면 나의 잘못을 발견하게 되는 것으로 끝나지 않는다. 나뿐만 아니라 다른 사람들도 이런 잘못을 저지른다는 사실을 알게 되고 그것이 인간의 보편적인 특성 혹은 본성에 가깝다는 사실도 발견하게 된다. 무의식적으로 스마트폰을 사용하는 자신을 발견하면 다른 사람들도 그럴 가능성이 크다는 것을 알게 된다. 지하철에서 무의미하게 시간을 보내기만 하는 자신을 발견하게 되면 다른 사람들도 다르지 않음을 알게 된다. 게다가 왜 그런 행동을 하는지도 자신에게 물어봄으로써 알게 된다. 나를 아는 것이 결국 사람을 아는 것으로 연결되는 것이다.

통섭이라는 말이 유행이다. 분야가 다른 학문들이 서로 교차하면서 생기는 효과를 나타내는 말이다. 과학과 인문학의 결합이 대표적이다. 서로 다른 학문들이 결합할 때 예상하지 못했던 창의성이 발휘되는 경우가 많다. 공학기술에 인문학을 접목했던 스티브 잡스의 영향 때문인지 요즘은 대부분의 기업에서 인문학을 제품개발 단계에서부터 접목하려 하고 있다. 이때 필요한 인문학이 사람을 이해하는 힘이다. 아무리 뛰어난 기술도 사람을 알지 못하면 사장되고 만다. 평범한 기술도 사람을 이해하고 그에 맞게 개선하면 놀라운 결과로 이어질 수 있다. 기술과 과학에만 투자할 것이 아니라 사람에 대한 공부에도 투자를 해야 하는 이유다.

사람을 이해하는 방법은 다양하다. 사람의 본성을 알려주는 책을 읽을 수도 있고 토론을 할 수도 있다. 하지만 그보다 훨씬 수월하고 정확한 방법이 있으니, 바로 자기성찰이다. 자기를 돌아보는 것이 다른 사람을 이해하는 가장 빠른 방법이다. 내가 밥값을 내기 싫어한다는 사실을 깨달으면 인색한 사람들의 생각을 이해할 수 있다. 내가 핑계를 대고 있다는 사실을 알게 되면 사람들이 왜 핑계를 대는지 이유를 알 수 있다. 자기성찰은 나를 통해 세상을 이해하는 인문학적 통찰의 확실한 방법이다.

자기를 돌아볼 줄 아는 사람은 많은 힘을 얻을 수 있다. 자신의 잘못을 개선하여 보다 나은 존재로 변할 수 있고, 인격적으로 훌륭한 모습을 통해 다른 사람들과 좋은 관계를 맺을 수 있다. 자신을 돌아보고 사람을 이해하는 힘을 얻게 되어 기술과 지식이 사람들에게 매력적으로 다가가게 하여 보다 나은 성과를 낼 수도 있다. 무엇보다 문장을 통한 자기성찰은 깨달음을 통해 공부의 재미와 성장이라는 매력적인 세계에서 오랫동안 즐겁게 노닐도록 해준다.

인생의 절반쯤 왔을 때
보이는 문장들

인생을 절반쯤 지나고 나면 그 이전에는 생각하지 못했던 것들을 볼 수 있는 여유가 생긴다. 배우고 사회에 진출하고 결혼하고 아이를 양육하는 과정이 안정되면 비로소 인생이라는 큰 문제에 대해 돌아볼 수 있는 눈이 생기는 것이다. 뭐든 할 수 있을 것 같았던 이십대와 어떻게든 남들처럼 살아보려고 발버둥 치던 삼십대를 넘어서면 인생에 별것이 없다는 것을 조금이나마 느끼는 시기가 찾아온다. 그래서인지 성장 의욕이 강한 시절에는 읽히지 않던 것들이 마흔이 넘어선 후에는 구구절절 가슴에 와 닿는다. 특히 《논어》는 스물이나 서른에 읽을 때와 마흔이 넘어서 읽을 때 전혀 다르게 읽히는 대표적인 책이다.

"진실로 그 자신을 바르게 한다면 정치를 하는 데 무슨 문제가 있
겠는가? 그 자신을 바르게 하지 못한다면 어떻게 남을 바르게 하
겠는가?"

이삼십대 시절 이 글을 읽었을 때 크게 다가오는 부분이 없었다.
그러다가 마흔이 넘어 다시 보았더니 이 부분이 특히 눈에 띄었다.
자기를 바르게 하며 살아간다면 정치를 하는 데 어려움이 없을 것
이다. 여기서의 정치는 나라를 다스리는 일뿐만 아니라 주변 사람
을 이끄는 일, 직장에서 자신의 책임을 다하는 활동 등이 모두 포
함된다고 봐야 한다. 스스로 올바르면 주변 사람들이 저절로 따를
것이고 일도 자연스럽게 풀릴 것이다. 혹 일이 잘못되거나 사람들
이 따르지 않는다 하더라도 별로 문제 될 것이 없다. 스스로 바르
다면 그것으로도 충분할 것이기 때문이다.

《논어》가 CEO들에게 매력적으로 읽히는 것은 이런 부분들 때
문일 것이다. 자기를 되돌아보게 하고 인격을 고양하도록 유도한
다. 먹고살 정도의 여유가 생기면 품격을 돌아보게 되는 법이다. 여
기에 《논어》는 세상의 원리를 알려주고 삶을 관조하게 해주며 그
것을 통해 인생을 사는 가치관을 얻게 해준다.

한번은 유명 제약회사 영원사원들을 위한 인문학 교육 프로그
램을 진행한 일이 있는데, 그 회사 CEO의 철학에서 돋보이는 면
이 있었다. 영업사원들이 사람을 만났을 때 품격 있는 대화를 하

고 좋은 관계를 맺기 위해서는 인문학이 필요하다는 것이다. 철학이나 역사와 관련된 이야기를 하기 위해서도 인문학이 필요하겠지만, 무엇보다 자신을 돌아볼 줄 알고 올바르게 사는 것이 무엇인지를 생각할 수 있는 품격이 있어야 수준 높은 대화를 나눌 수 있다.

어떻게 하면 물건을 팔 수 있을 것인가만 생각하는 사람과 인생에 대해 가치 기준을 가지고 자기 생각으로 사는 사람은 나누는 대화에서 질적인 차이가 발생한다. 이 점을 잘 이해하는 CEO가 직원들의 지적 수준과 품격을 높이려는 방안으로 마련한 교육 프로그램이었다. 모르긴 몰라도 그분 역시 《논어》의 팬일 것이다.

"거친 밥을 먹고 물을 마시며 팔을 굽혀 베개 삼고 누워도 즐거움은 또한 그 가운데 있다. 의롭지 않으면서도 부귀를 누리는 것은 나에게는 뜬구름과 같은 것이다."

이것이 공자의 정신이다. 이런 문장을 접하면 그의 숭고한 정신으로 나를 씻은 듯 기분이 밝고 맑아진다. 뜬구름 같은 부귀를 쫓는 나를 발견하기 때문이다. 이렇게 문장을 통해 자신을 돌아볼 수 있으려면 간단한 질문 하나만 던지면 된다.

'나는 이렇게 살고 있는가?'

자기성찰의 방법은 간단하다. 이 질문을 품고 책을 읽어나가면 된다. 이것이 선현들이 중요시했던 공부법이고 자신의 품격을 높이는 독서법이다. 내친김에 《논어》를 통해 자기성찰의 기회를 더 가져보자.

> "군자는 자신의 무능함을 근심하지, 남이 자기를 알아주지 않음을 근심하지 않는다."

모든 문장이 자기성찰과 관련될 수는 없다. 어떤 문장들은 사실만 이해하는 것으로 끝날 수도 있고, 원리를 이해하고 학습하는 데서 그치는 경우도 있다. 자기성찰로 이어지는 문장들을 보면 보통 사람들이 살아가는 모습과는 상반되는 내용을 담고 있는 경우가 많다. 앞의 문장에서도 군자는 자신의 무능함을 근심할 뿐 남이 자기를 알아주지 않음을 근심하지 않는다고 말한다. 우리 모습은 이와 반대다. 자신의 무능함은 생각하지 않고 자신을 몰라준다고 한탄하는 것이 우리이기 때문이다.

나의 경우는 어떤가? 무능함을 근심하는가, 남이 알아주지 않음을 근심하는가? 《논어》의 문장은 계속 이어진다.

> "남이 자신을 알아주지 못할까 걱정하지 말고 내가 남을 제대로 알지 못함을 걱정해야 한다."

여기서는 한발 더 나아간다. 남이 나를 알아주지 못함을 걱정하지 말고 내가 남을 알아주지 못하는 부분이 있는지를 잘 살피라고 한다. 내가 남을 알아주면 남도 나를 알아줄 것이고, 그러면 관계가 좋아질 것이 분명하다. 자기성찰의 카운터펀치는 다음 문장이다.

"잘못이 있어도 고치지 않는 것, 이것이 바로 잘못이다."

잘못이 있다는 것은 잘못이 아닐 수도 있다. 누구나 부족한 점은 있기 마련이고 서툴러서 잘못을 저지를 수도 있다. 문제는 그다음이다. 자신의 잘못을 고치려고 하는가? 그것을 고치려고 하지 않는 것이야말로 진정한 잘못이다. 나는 어떠한가? 잘못이 있음을 알고 있는가? 잘못을 고치고 있는가?

문장의 성격에 따라서 의미를 발견한 후에 구체적인 사례를 찾아내야 하는 경우가 있는 반면 그것이 어려운 경우도 있다. 이때는 문장을 통해 자기를 돌아볼 수 있어야 한다. 그래서 인문학을 실천적으로 공부하는 세 번째 단계는 바로 자기성찰이다. 텍스트의 의미를 발견하고, 그 구체적인 사례를 찾아내 배운 후, 자기를 돌아보고 반성하는 시간이 필요하다.

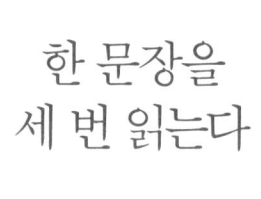

한 문장을
세 번 읽는다

"모든 고전 공부는 먼저 텍스트를 읽고, 다음 그 텍스트의 필자를
읽고, 그리고 최종적으로는 독자 자신을 읽는 삼독(三讀)이어야 합
니다."

-《담론》, 신영복

텍스트를 읽는다는 것은 그 내용을 파악한다는 뜻이다. 이것이
독서의 기본임은 말할 필요가 없다. 텍스트의 필자를 읽는다는 것
은 필자의 생각과 의도를 읽는다는 말일 것이다. 필자의 의도를
알 때 텍스트는 구체화되고 머릿속에서 그려진다. 내용을 파악하
고 그 배경과 의도를 알면 충분할 것 같은데 신영복 선생은 하나

를 더 추가한다. 독자 자신을 읽는 것. 이 말은 결국 텍스트를 통해 자신을 돌아볼 줄 알아야 한다는 뜻이다. 자기를 돌아보지 못하면 지식과 마음이 별개가 될 것이고 내면을 개선하거나 가치관을 갈고닦을 기회는 얻기 어려울 것이 뻔하다.

이런 이유 때문에 예부터 독서의 대가들은 책에서 이론만 공부하는 것을 경계해왔다. 평소에 글을 읽을 때는 무엇인가를 깨달은 것 같은데 책을 놓고 나면 평소 그대로인 경우가 많다. 왜 그런 현상이 생기느냐는 질문에 율곡 이이 선생은 주자의 말을 빌려 이렇게 말한다.

"그것은 도(道)를 자신의 몸에서 찾지 않고 책에서만 찾기 때문이다."

자신의 몸에서 도를 찾는다는 말은 현실세계, 곧 자신의 삶 속에서 살아 있는 지식을 체득하라는 뜻이다. 그러자면 자기 주변을 살피고 생활을 돌아볼 줄 알아야 한다. 그 시작이 자기성찰이다.

자기를 돌아볼 수 있게 되면 얻을 수 있는 것이 많다. 자기를 돌아보아 알게 되면 세상에 대한 불평과 불만이 사라진다. 모든 것이 자신에게서 비롯된다는 것을 알기 때문이다. 함부로 남을 비난하거나 불평할 것이 못 된다는 사실을 스스로 깨닫게 된다. 자기를 아는 사람은 다른 사람도 알게 된다. 내 마음이 힘들면 다른 사람도 힘들다는 것을 알기에 상대방을 배려할 수 있고 좋은 관계를 맺을 수 있다. 관계가 좋으니 상처를 주는 일이 드물고 함께 일을 도

모해도 상처가 적고 손발이 잘 맞는다. 일의 결과를 떠나 사람이 남는다.

자기를 알면 실패도 약이 된다. 모든 일에서 배울 수 있기 때문이다. 실패하든 성공하든 무언가를 배우게 되고, 배우면 깊어지고 넓어져서 큰 사람이 된다. 그래서 자기를 아는 사람은 큰돈 벌기는 어려울지 모르지만 좋은 인생을 사는 데는 문제가 없다.

자기를 아는 일은 이처럼 중요하며, 독서는 그것을 가장 잘 도와주는 기회가 된다. 책을 읽으면서도 자기를 돌아보고 살피는 일을 하지 않는다면 독서의 힘을 반감시키는 것과 같다. 이것이 문장을 읽으며 '나는 어떠한가?'라는 질문을 던져야 하는 이유다.

한때 한참을 좋아했던 작가가 있다. 바로 데비 포드다. 젊었던 데다가 직장생활을 할 때여서 심리적으로 혼란스럽던 시절에 만난 작가가 그녀였다. 심리학에 기초해서 사람들의 현실을 통찰력 있게 설명해내는 그녀의 책에서 많은 위안을 얻곤 했다. 그녀의 책들을 읽다 보면 가슴에 박히는 문장을 발견하곤 했는데, 대표적인 문장이 이것이다.

"모든 행동은 둘 중 하나에 의해 지배된다. 신념 아니면 두려움."

우리가 하는 행동은 둘 중의 하나라고 그녀는 말한다. 신념 혹은 두려움. 이 글을 읽고 참 맞는 말이구나 싶었다. 그리고 나는 과연 신념으로 행동할까 두려움으로 행동할까를 생각해보았다. 답은 쉽게 나왔다. 대부분의 행동이 신념이 아닌 두려움에 지배받고 있었다. 그녀의 텍스트를 통해서 나를 발견했다. 그러고는 '어떻게 할 것인가?'라는 질문을 얻게 되었다. 어떻게 해야 두려움이 아닌 신념으로 행동할 것인가를 고민하자 이런저런 방법들이 생각난다.

신념으로 행동하려면 먼저 신념이 있어야 한다. 그래서 나만의 신념들을 찾아봤다. 책 읽기는 삶에 도움이 된다, 사람들을 돕는 일을 할 때 뿌듯하다 등의 생각들을 얻었다. 그래서 책 읽는 일의 가치와 방법을 사람들에게 알리면서 살아야겠다는 결심을 했다. 그때의 결심은 지금도 변치 않아 여전히 독서와 관련된 일을 하고 책을 쓰면서 지내고 있다.

자신이 신념이 아닌 두려움에 지배받고 있다는 사실을 인정한다는 것이 쉬운 일은 아니다. 자존심이 상하는 일이고 가슴 아픈 일이다. 그래서 앙드레 지드는 "가장 위대한 지성이란 자신의 한계로 인해 가장 고통받는 바로 그런 지성"이라고 말했는지도 모른다. 아는 만큼 행동하지 못하는 자신, 신념에 따라 살지 못하는 자신을 만나는 것은 고통받는 일임이 분명하다. 하지만 그 고통으로 인해 신념을 따르고 행동할 용기가 생길 수도 있다.

"한 인간의 가치는 그가 무엇을 받을 수 있느냐가 아니라 무엇을 줄 수 있느냐로 판단된다."

- 아인슈타인

아인슈타인은 과학자이면서도 철학자 같은 느낌을 준다. 그의 말에서 철학의 냄새가 나기 때문이다. 인간의 가치는 무엇을 받느냐가 아니라 무엇을 줄 수 있느냐로 결정된다는 말이 그렇다. 하지만 현실에서는 그와 상반되는 경험을 한다. 누군가 사람들에게 많은 사랑을 받거나 받기 어려운 상을 받았다면 우리는 그를 높이 평가한다. 사람들의 존경을 받거나 노벨상을 받았다면 그것이 그가 어떤 존재인지를 보여주는 증거로 여긴다.

하지만 아인슈타인은 받는 것이 아니라 줄 수 있는 것이 무엇인가가 중요하다고 말한다. 받는 것은 결과일 뿐 무엇을 줄 수 있느냐가 그 사람의 품성과 가치를 말해주기 때문일 것이다. 대부분의 사람이 사람의 가치를 그가 받는 것이 무엇인지로 판단하는 상황에서 아인슈타인은 다른 이야기를 하고 있다.

이처럼 나를 돌아보게 하고 충격을 주는 문장들은 세상의 모습과는 정반대의 이야기를 하는 경우가 많다. 세상 사람들이 추구하거나 살아가는 모습과는 다른 이야기를 통해 현상에 가려진 본질과 진실을 볼 수 있기 때문이다. 그래서인지 깨달음을 주는 문장들도 나의 행동이나 생각과는 상반된 경우가 많다. 나의 잘못을 드러내는 문장이 좋은 문장인 것이다.

그의 말에 따라 내가 무엇을 줄 수 있는가를 생각해보면 한숨부터 나온다. 내가 줄 수 있는 것 혹은 주고 있는 것이 거의 없기 때문이다. 다른 사람들을 기분 좋게 해주는 일도 없고, 가슴 떨리게 해주는 일도 없으며 돈을 벌게 해주지도 못하니 말이다. 물론 내가 받은 것은 많다. 하지만 받은 것이 나의 가치를 말해주는 것은 아니다. 중요한 것은 내가 주는 것이다.

자신을 돌아보는 공부법은 마음의 평화와 안정감을 가져다준다. 이것이 독서가들이 자신을 돌아보는 공부를 하라는 분명한 이유가 된다. 《인생 연금술》에서 제임스 알렌은 "바깥세계인 환경은 마음이라는 내면세계의 표출"이라고 말한다. 우리 마음속의 생각들이 나를 둘러싼 환경에서 나에게 거슬리거나 유리한 것 등만을 가려내서 보려고 하기 때문이다.

"만약 당신이 한 사람을 미워한다면, 그 사람 속에 있는 자신의 일부를 미워하는 것이다. 자신의 일부가 아닌 것들이 우리를 거슬리게 하지는 않는다."

– 헤르만 헤세

어떤 사람이 밉다면 그것은 내 마음속에 있는 미움이 작용한 탓이다. 이기적인 사람이 밉다면 내 마음속에도 이기심이 있기 때문이고, 성공한 사람이 밉다면 내 마음속에 성공하고 싶은 마음이 있어 그를 질투하기 때문이다. 이것을 안다면 자신의 마음을 통해서 배울 수 있다. '내가 질투하고 있구나', '내가 갈등하고 있구나' 하는 사실을 알아챌 때 비로소 자신을 알게 된다. 자신을 알면 조심하거나 내려놓거나 벗어버림으로써 보다 나은 상황을 만들 기회를 얻게 될 것이다. 이것이 나를 아는 것이 중요한 이유이고 자기성찰을 위한 독서가 필요한 까닭이다.

알베르 카뮈는 이렇게 말한다.

"지식인은 자신의 마음을 자신이 지켜보는 사람이다."

문학과 이야기를 통한
자기성찰

바흠이라는 농부가 살았다. 그는 소작농이어서 늘 땅이 없다는 것이 아쉽게 느껴졌다. 다행히 부지런히 일해서 돈을 모았고 조그만 땅을 살 수 있었다. 그렇게 조금씩 땅이 늘어났고 어느덧 제법 많은 땅을 가진 지주가 되었다. 하지만 땅에 대한 갈증은 여전히 풀리지 않았다.

"단 한 가지 우리의 고충은 바로 땅이 적다는 거야! 땅이 많다면 악마도 무서워하지 않으련만!"

이 말을 들은 악마가 그를 찾아왔다. 그리고 거절할 수 없는 계약을 제안한다.

"하루 동안 돌아다닌 땅이 자네 것이 되는 거네."

해가 뜨면 출발해서 해지기 전에 출발한 곳으로 돌아온다면 하루 동안 돌아다닌 땅이 모두 자신의 것이 된다는 조건이었다. 넓은 땅을 가질 기회를 마다할 리 없었던 바흠은 해가 뜨자마자 달리기 시작했다. 갈 수 있는 최대한 뛰고 걸었다. 가다 보니 점점 더 비옥한 땅이 펼쳐졌고 점점 더 멀리 가게 되었다. 돌아가야 한다는 생각이 들기도 했지만 아쉬운 마음에 차마 돌아가지 못했다.

마침내 해가 서쪽으로 기울고 있다는 것을 깨닫고는 되돌아오기 위해 뛰기 시작했다. 온 힘을 다해 달린 덕분에 다행히 출발했던 곳으로 되돌아오는 데 성공했다. 하지만 그는 그 자리에서 피를 토하고 죽고 말았다.

톨스토이의 유명한 단편 〈사람에게는 얼마만큼의 땅이 필요한가〉의 간단한 줄거리다. 이런 이야기를 읽으면 사람들은 어떤 생각을 할까? 어린아이들은 바흠이 바보 같다는 생각을 하는 것 같다. 너무 멀리 갔다는 것이다. 어른들이라고 다를 것이 없다. 욕심이 적당해야 한다는 것이다.

이야기를 읽으며 의미와 교훈을 찾아내는 것은 중요한 일이다. 하지만 책을 잘 읽는 사람이라면 그다음을 생각할 수 있어야 한다. 그다음이란 이야기의 의미와 교훈으로 자기를 돌아보는 것이다. 이야기 속의 바흠이 혹시 내가 아닌지를 살필 때 이야기는 우리 마음속에서 살아 꿈틀거린다. 바흠이 가지려고 했던 것이 나에게는 돈이나 지위, 인기 같은 것이 아닌지 돌아볼 수 있을 때 내 삶을 보다 나은 것으로 만들 기회가 주어지는 것이다.

이렇게 이야기를 통해 자신을 돌아보려면 질문을 사용할 수 있어야 한다. '나도 이렇게 살고 있지는 않을까?' 이런 질문이 자기를 돌아볼 수 있게 한다. 반대로 '내 주위에도 이런 사람들이 있지 않을까?'라는 질문을 던지면 자신이 아닌 다른 사람을 살피게 된다. 자기를 돌아보느냐 다른 사람에게 화살을 돌리느냐는 질문이 결정한다. 결국 질문의 방향에 따라서 생각이 달라지고 얻는 것도 달라지는 것이다.

'제비 한 마리가 왔다고 여름이 온 것은 아니다.' 영미권에서 사용되는 속담이다. 이 속담은 이솝 우화에도 등장한다.

젊은 사람 하나가 부모님이 남겨주신 유산을 다 날려 외투 하나만 남게 되었다. 하필 제비 한 마리가 제철이 아닌데도 날아와서 지저귀는 것을 보고 여름이 온 것이라고 생각하게 되었다. 그래서 가지고 있던 외투가 필요하지 않게 되었다고 생각하고는 팔아치우고 말았다. 하지만 날씨는 여전히 추웠고 서리까지 내렸다. 그러던 어느 날 그 젊은이는 길을 가다가 얼어서 죽은 제비를 발견했다. 그걸 보고 젊은이는 이렇게 한탄했다.

"딱한 것 같으니, 너는 너 자신을 죽이고 나도 죽이는구나."

유산을 탕진한 젊은이는 제비를 보고 여름이 왔다고 생각했다. 잘못된 정보가 유입되었고 그 정보를 잘못 해석하고 말았다. 그래서 외투를 팔아버려 얼어 죽게 되었다. 하나만 보고 판단하지 말라는 교훈이 담겨 있는 이야기다.

이야기의 의미를 찾고 구체적인 사례를 찾아보는 것은 이야기에 현실성을 부여해준다. 그리고 이야기를 통해 자신을 돌아보는 것은 실수를 만회하고 개선할 기회를 준다. '나도 그렇지 않을까?'라는 질문으로 이야기를 살펴보는 습관이 필요한 이유다. 이 질문으로 앞의 이야기를 살펴보자. '나는 단편적인 정보만 믿고 잘못된 결정을 한 적은 없는가?'를 생각해보면 여러 가지 경험이 떠오를 수 있다. 혹은 지금 내가 하고자 하는 어떤 일이 단편적인 정보를 일반적인 경향이라고 오인하고 선택한 것일 수도 있다. 그것이 소소한 일상의 선택이라면 그다지 문제가 없겠지만 일생일대의 중요한 선택이라면 큰 문제가 될 것이다.

특히 직장을 옮기는 일이나 새로운 사업을 시작하는 일과 같이 인생 전체에 큰 영향을 미치는 일이라면 다시 고려해봐야 한다. 이런 이야기를 통해 자기를 돌아볼 기회를 얻게 된다면 잘못된 의사결정으로 인생을 위기에 빠뜨리는 일을 피할 수도 있을 것이다. 게다가 이런 자기성찰이 습관처럼 몸에 붙었다면 단편적인 정보에 미혹되지 않고 다양한 정보를 수집해서 의사결정을 합리적으로 하게 될 것이다. 독서를 통해 정보를 이해하고 이를 통해 자기를 돌아보는 일이 가능해지면 일상생활에서 얻는 정보를 해석하고 이해하는 능력도 탁월해지는 법이다.

이처럼 독서를 통해 자기를 돌아보는 경험은 우리에게 일상생활에서 자기성찰을 할 수 있도록 돕는다. 독서를 통해 연습하고 생활에 적용할 때 자기를 아는 사람이 될 수 있고 잘못된 점을 개선하며 성장하는 사람이 될 수 있다.

여기에 그치지 않고 자기성찰은 사람과의 관계를 개선하는 힘도 있다. 자신을 아는 사람은 다른 사람에게 자신이 어떻게 비칠지를 아는 사람이기 때문이다. 이기적인 행동을 하면서도 자신이 그런 사람이라는 것을 모르는 경우가 많다. 이런 경우 선천적인 품성의 문제일 수 있으나 많은 경우 자기를 돌아보는 연습을 하지 않았기 때문이다. 책을 읽고 자신을 돌아볼 수 있다면 자신의 잘못이나 실수를 개선하려 할 것이고 그렇게 되면 다른 사람들과 좋은 관계를 맺는 것이 가능해진다. 그렇게 자신을 개선하고 변화시키려는 노력이 반복되면 그것이 결국 그 사람의 인성이 되고 품성이 되어 좋은 평판을 얻게 된다.

예전부터 책을 읽고 공부를 하는 사람들은 인격의 완성을 그 목적지로 두었다. 책을 읽는 것을 단순히 어떤 지식을 이해하는 것을 넘어 그 의미를 이해하고 세상의 원리를 밝히는 것으로 생각했으며, 작가와 관계를 맺고 책의 영향력을 수용하며 자신을 담금질해

나갔다. 지금 우리 시대가 성공을 위한 처세의 수단으로 독서를 한다고는 하지만, 그런 얄팍한 생각으로 독서를 시작한 사람들도 공부를 하다 보면 부족한 자신을 발견하게 될 것이고 그런 자신을 개선하기 위해서 노력해나갈 것이다. 그 시작이 자기를 돌아보는 일이고 그러자면 스스로에게 질문을 던질 수 있어야 한다.

훌륭한 작가는 자신이 깨달은 진리를 매혹적인 이야기로 엮어 사람들을 끌어들여 그 속에서 뛰놀며 상상하도록 해주는 사람이다. 하지만 작가가 훌륭하다고 해서 좋은 독자가 만들어지는 것은 아니다. 오히려 작가를 훌륭하게 만드는 데 독자의 노력과 역할이 더 중요할 수 있다. 좋은 독자는 짧은 문장이나 흔히 볼 수 있는 단순한 이야기 속에서도 세상의 진실을 발견하고 모든 것이 연관된 의미를 가지고 있음을 발견할 수 있는 사람이다. 그러자면 문장과 이야기의 의미를 발견할 수 있어야 하고 그것이 자신과 어떻게 연결되어 있는지를 살필 수 있어야 한다. 그것이 현실을 돌아보고 자기를 성찰하는 일과 관련된다. 남들이 무심코 흘려 넘기는 문장에서도 자기를 발견하고 진실을 얻게 된다면 그는 좋은 독자임이 분명하다. 그의 인격은 완성되어가는 중이다.

자기성찰을 포기한
학문의 최후

- 인시(03~05시): 기상하여 부모님께 새벽 문안을 올린 후 독서

- 묘시(05~07시): 자식에게 글을 가르치고 독서

- 진시(07~09시): 부모님께 진지를 올리고, 식사한 뒤 자식들의 공부를 돌봄

- 사시(09~11시): 부모님을 다시 찾아뵙고, 노비들이 맡은 일을 감독함

- 오시·미시(11~15시): 오래도록 앉아 독서하되 간혹 여가를 즐김

- 신시(15~17시): 천천히 글을 음미하여 읽되 여유 있는 마음을 가짐

- 유시(17~19시): 부모님을 다시 찾아뵙고 집안 사람들의 일을 감독하고 자식들과 이야기를 나눔

- 술시(19~21시): 집안을 돌아보고 자식들의 공부를 돌봄
- 해시(21~23시): 의관을 풀고 취침함
- 축시(01~03시): 첫닭이 울면 일어나 정신을 흐트러지지 않게 함

이 내용은 1880년 윤최식이 선비들의 생활지침을 제시하기 위해서 쓴 《일용지결(日用指訣)》이라는 책에 등장하는 양반들의 하루 일과다. 새벽부터 밤늦은 시간까지 쉼 없이 공부하고 어른과 아이들을 살피며 한 치의 흐트러짐이 없는 생활을 제시하고 있다. 한집안의 가장이 이런 생활을 한다면 식구들이건 노비들이건 말을 따르지 않을 수 없었을 듯하다.

그런데도 조선 사회는 양반들의 전횡과 이권 다툼으로 인한 사회질서의 혼란으로 민생이 파탄에 이르렀고, 밀려오는 외세에 효과적으로 대응하지 못하고 붕괴되고 말았다. 어쩌다 이런 지경에 처하게 됐을까?

조선은 양반의 나라였다. 지배층이었던 양반은 성리학으로 무장했고 성리학은 조선을 운영하는 기본 원리이자 생활의 지침이 되었다. 성리학은 군자를 지향하는 공부다. 맹자가 강조한 인의예지(仁義禮智)의 정신으로 무장하고 그것을 실천하는 사람이 군자다. 인간은 기쁨과 노여움, 슬픔과 욕심 등의 감정에 휘둘리기 쉬운데 이런 마음을 잘 다스려 군자의 길로 나아가고자 하는 것이 양반

들이 하는 공부였다.

성리학을 공부하는 양반들이 자기성찰을 강조한 것은 어찌 보면 당연한 일이다. 감정에 휘둘리는 자신을 돌아보고 인의예지를 지향할 수 있도록 바로잡는 일이 공부였기 때문이다. 선현들이 남긴 문장을 통해 자기를 돌아보고 보살펴야 할 것들을 찾아서 모범을 보이고 실천하는 것이 군자의 길이었다.

이런 학문정신이 붕괴된 것은 임진왜란을 거치면서였다. 왜란은 백성의 삶의 터전만 황폐화시킨 것이 아니었다. 양반들의 기반도 무너뜨렸다. 노동력의 핵심인 장년층이 전사함으로써 인구가 급격하게 줄어 노동생산력이 낮아졌고, 농사를 지을 수 있는 토지 또한 170만 결이던 것이 54만 결로 줄어들었다. 부족한 군량과 군자금을 해결하기 위해 돈을 내고 양반의 지위를 인정해주는 납속책이 시행되었고 이것은 신분질서를 무너뜨리는 주요 원인이 되었다.

흔들리기 시작한 신분질서는 곧 양반들의 정신세계에까지 침투했다. 학문을 통해 인격을 완성하려는 노력은 부질없는 것으로 여겨졌고 현실적 치부가 우선시되는 경향이 나타났다. 이런 상황에서 인조반정으로 정권을 잡은 서인은 자신의 지배권을 유지하기 위해서 주자학 중심의 성리학을 절대화하기에 이른다. 변화하는 상황에 신축성 있게 대처하지 못하면서 그 한계가 드러나자, 자신들의 지배권을 잃을까 두려워한 성리학자들이 비판을 묵살하고 획일적인 생각을 강요하기에 이르렀던 것이다.

어떤 사상이든 처음의 정신을 잃고 수용성과 탄력성을 잃어 교조화되기 시작하면 제 기능을 할 수 없게 된다. 지식과 사상이 나라를 유지시키는 것이 아니라 망치기 시작하는 것이다. 사람도 다를 것이 없어서 배운 공부가 자기를 돌아보는 능력을 잃어버리면 지식을 위한 지식, 공부를 위한 공부만 남아 삶을 제약하는 결과를 낳는다. 그 끝은 나라의 멸망이요 한 인간의 파멸이다.

성리학의 교조화 과정은 자기성찰 기능의 상실과 연관이 깊다. 학문이 자기를 돌아보고 반성하는 기능을 잃으면 자신을 강화하고 이익을 얻기 위한 수단으로 악용된다. 자정 기능을 상실한 사회가 멸망하듯 자기성찰을 잃어버린 인간은 사회적 존재로서의 가치를 잃어버린다.

대중의 감성을 흔들어 크게 성공한 음악가들을 살펴보면 그들의 가장 뛰어난 음반은 데뷔음반인 경우가 많다. 언더그라운드에서 오랫동안 무명 시절을 보내면서 좌절하고 고뇌하며 느꼈던 인생을 음반에 담았으니 당연한 일일 것이다. 데뷔음반이 크게 성공하면 더 좋은 음악을 만들어야 한다는 부담감과 더 크게 성공하고 싶다는 욕심으로 성급하게 노래를 만들어낸다. 두 번 혹은 세 번째 음반도 제법 인기를 끌지만 연구하고 노력하는 시간 대신 공연과 유흥으로 시간을 보내면서 자기만의 색깔은 사라져버린다. 그와 함께 음악도 점점 멀어져간다. 그가 다시 한 번 도약하는 방법은 단 하나뿐이다. 원래의 자기로 되돌아가 처음 시작할 때의 마음을 갖는 것이다.

성리학의 교조화를 비판하면서 조선을 구원하려는 학문적 움직임이 있었다. 실학이었다. 질서가 허물어지고 위기에 처하면 구원을 위한 몸부림이 일어나기 마련인데, 이런 몸부림들은 대부분 처음의 마음으로 되돌아가자는 자기성찰을 통해서 시작되는 경우가 많다. 정약용 선생은 자식들에게 보낸 편지에서 이렇게 말하고 있다.

"모름지기 실용의 학문, 즉 실학에 마음을 두고 옛사람들이 나라를 다스리고 세상을 구했던 글들을 즐겨 읽도록 해야 한다. 마음에 항상 만백성에게 혜택을 주어야겠다는 생각과 만물을 자라게 해야겠다는 뜻을 가진 뒤라야 바야흐로 참다운 독서를 한 군자라 할 수 있다."

정약용 선생은 성리학적 군자의 개념을 '백성들에게 혜택을 주기 위해 옛사람들의 글을 읽으며 자신의 주변을 활기 넘치게 만들어가는 사람'이라 말하며 자식들을 독려하고 있다. 이런 정신은 고려 말의 폐단을 극복하려 했던 성리학자들의 정신에 맞닿아 있다.

어떻게 하면 처음 시작할 때의 자신으로 혹은 본래의 마음으로 되돌아갈 수 있을까? 그 방법은 끊임없는 자기성찰뿐이다. 선비들이 새벽에 일어나 자세를 가다듬고 빠듯한 일상을 지켜내며 공부에 전념했던 것은 남들에게 보이기 위한 것이 아니었다. 엄격한 규율로 자신을 통제하고 독서를 통해 자기성찰을 생활화할 때 삶을 파멸의 길에서 구원할 수 있기 때문이었다. 자정 기능을 잃은 사회와 자기성찰이 없는 사람의 최후는 몰락뿐이다.

정신적 탄생으로 이끄는
하루 한 문장

!

"우리는 말과 행위를 통해서 인간세계에 참여한다. 이 참여는 제2의 탄생과 비슷하다."

－《인간의 조건》, 한나 아렌트

정치철학자 한나 아렌트는 인간이 세 번 태어난다고 생각했다. 첫 번째 탄생은 육체적 탄생이다. 어머니의 몸으로부터 분리되어 하나의 유기체가 되는 순간이 바로 그때다. 육체적 탄생은 뒤에 일어나는 탄생의 기본 조건이 된다. 두 번째는 정치적 탄생이다. 양육되고 교육받으며 말을 배우고 사람들과의 관계에 참여한다. 가정을 넘어 학교에 참여하고 직장에 다니면서 모임들을 형성하게 되는데 이것을 폴리스라 부른다. 동료들과 함께 활동하며 새로운 관계를 형성해서 혼자라면 상상도 할 수 없는 새로운 것에 도전한다. 이를 통해 사람들은 일상을 극복하고 도전하고 성장하고 나아간다.

세 번째 탄생은 정신적 탄생이다. 정신적 탄생은 사유하는 삶을 말한다. 늘 바쁘다고 외치는 사람들은 일상적으로 반복되는 삶의 패턴 때문에 생각할 기회를 갖지 못한다. 자신은 생각하고 있다고 하지만 그 생각들은 어제의 그것과 다를 것이 없고, 기존의 것에서 크게 벗어나지 않는다. 한마디로 정신적 마비상태인 것이다. 이런 상태가 계속되면 생각하는 능력을 상실하고 다른 사람들을 그대로 따라 하며 살게 된다. 이때 자신의 정신을 일깨우고 새로운 생각을 할 수 있어야 한다. 그것이 정신적 삶이며 이는 폴리스에서 정치적 삶을 사는 데 중요한 역할을 한다.

우리가 살아가는 일상은 반복적이다. 반복은 지루함 혹은 단순함을 낳는다. 매일 같은 일을 반복하고 같은 사람들을 만나다 보면 보고 듣는 것이 비슷하고 생각도 단순해진다. 사람들은 부정하겠지만 우리 대부분이 그런 삶을 산다. 지루함과 단순함은 우둔함을 낳는다. 우둔함은 정치권력과 같은 힘에 이용당하기 쉽다. 그 결과 자신이 악에 참여하고 있음을 알지 못하게 된다.

단순한 일상과 생각을 극복하는 방법은 무엇일까? 아렌트는 "새롭게 시작하기 위해서는 새로 시작하는 사람들이 필요하다"고 말한다. 인류의 삶이 새로워지기 위해서는 새로운 아이들이 태어나야 한다. 이를 통해 인간은 새로운 삶을 살 수 있다. 하지만 개인은 어떻게 해야 할까? 한 개인이 새롭게 시작하기 위해서는 새로운 생각을 갖는 것, 그 방법뿐이다. 그리고 새로운 생각을 하는 데는 새로운 문장을 얻는 것이 최고다. 독서의 혁명성은 여기서 시작된다. 단순함에 갇힌 이들에게 그것을 극복할 새로운 생각을 만들어주는 것!

새롭게 시작한다는 것은 어제와 다른 삶을 살기 위해 다른 생각을 한다는 것이다. 어제와 다른 생각은 자기반성과 세상에 대한 통찰을 요구한다. 내가 나아가야 할 방향이 무엇인지 알고 그에 부합하지 못하는 선택을 했던 자신을 돌아볼 때 새로운 삶이 시작될 수 있다. 독서는 두 역할을 동시에 해줌으로써 어제를 극복하고 내일로 향하도록 돕는다. 책을 읽는 사람들이 변화에 민감하고 개혁에 긍정적인 것은 이런 이유 때문이다.

일기일회(一期一會)라고 한다. 일기는 사람의 일생을, 일회는 한 번뿐인 만남을 말한다. 일생에 단 한 번뿐인 만남이라는 뜻이다. 가족이나 직장 동료들은 매일 만나다시피 하는데 무슨 일생에 한 번뿐인 만남이냐고 반문할지도 모르지만, 지금 만나고 있는 이 순간은 일생에 단 한 번뿐이다. 어제의 만남은 어제의 것이고 지금은 지금인 것이다. 헤라클레이토스의 말처럼 우리는 똑같은 강물에 발을 두 번 담글 수 없다. 인생의 매 순간이 이토록 새롭고 신비한 것이다.

그런데도 우리의 일상은 반복되는 것처럼 느껴진다. 비슷한 사람을 만나고 비슷한 일을 하기 때문이다. 이런 일상의 반복에서 벗어나려면 일기일회의 마음을 살려야 한다. 그래서 스님들은 늘 그 순간에 집중하는 삶을 위해 깨어 있으려고 노력한다. 인생의 매 순간 깨어 있을 때 삶은 환희가 되기 때문이다.

매일 새롭게 시작하는 삶을 살 수는 없을까? 불가에 '쟁여착의 끽반비외경무불조(爭如著衣喫飯比外更無佛祖)'라는 말이 있다. 옷을 입고 밥을 먹는 것 외에 따로 부처가 있는 것이 아니라는 말이다. 공부를 하겠다고 유학을 가거나 새로운 경험을 찾아 여행을 하는 것은 도움이 될 수 있다. 하지만 그리 멀지 가지 않아도 일상에서 새로운 눈을 가지면 평소에 보이지 않던 것이 보이고 느껴지지 않던 것도 느낄 수 있다. 옛 선비들은 문밖을 나가지 않고 책만 읽었어도 늘 새로운 날들을 만들었다.

독서가들이 매일 새로운 삶을 사는 방법은 무엇일까? 그것은 새로운 문장을 품고 사는 것이다. 하루에 한 문장, 하루에 한 줄을 품고 산다면 그 한 줄에 따라 생각을 만들어갈 수 있다. 하루 동안 한 문장만 떠올리며 살아가기 때문에 문장을 이해하는 깊이가 생길 뿐만 아니라 생활 속에서 문장의 가능성을 발견할 수도 있다.

읽은 것들이 머릿속에 갇혀 있는 것이 아니라 실천되고 활용된다면 공부의 결과도 좋아질 것이다.

그동안 책을 읽으면서 이런 방법을 오랫동안 사용해왔다. 특히 직장생활을 하는 동안 꾸준하게 실천해서 좋아하는 문장들을 외우고 정리해두었더니 그것이 백 쪽이 넘는 양이 되었다. 때로는 한 권의 책에서 한 문장밖에 얻지 못할 때도 있었고 때로는 수십 개의 문장을 얻기도 했다. 그 문장들 중에서 하루에 한 문장을 선정해서 자주 보고 자주 생각하려고 애를 썼다.

"어떤 것을 하지 않는 것과 무슨 짓이든 다 하는 것은 좋은 사람과 나쁜 사람의 경계이다."

-《나는 학생이다》, 왕 멍

직장인들은 마음가짐이 중요하다. 어떤 자세로 직장생활을 하느냐에 따라 일의 흥미와 재미는 물론 인간관계의 모습도 달라진다. 다행히도 나는 직장생활을 하면서 늘 배운다는 정신 하나는 가지고 있었던 것 같다. 손에서 책을 놓지 않은 덕분이었다. 배움에 대한 책들을 읽으면 그 사람의 삶의 태도와 배움에 대한 열정을 키울 수 있어서 좋다. 대표적인 사람이 왕 멍이다.

그의 책을 읽다가 발견한 문장이 좋은 사람과 나쁜 사람의 경계에 대한 것이다. 문장이 너무 좋아 컴퓨터 바탕화면으로 꾸미기도 했다. 하루 혹은 며칠을 한 문장을 생각하면서 지내다 보면 일상의 경험과 문장에 연관성이 생기는 경우가 많다. 더욱 좋은 점은 다른 책을 읽었을 때 그와 관련된 내용이 눈에 잘 들어오고 다른 관점 혹은 더 깊은 생각을 하게 해준다는 것이다.

얼마 후 그라시안의 책을 읽다가 느낌이 오는 문장을 얻었다.

> "상대방이 가진 재능을 측정해보는 가장 좋은 방법은 그 사람이 무엇을 바라는지 알아보는 것이다. 뛰어난 인물일수록 가치가 높은 것에 반응한다."
>
> — **발타자르 그라시안**

뛰어난 인물일수록 가치가 높은 것에 반응한다는 말이 인상적이다. 왕 멍의 문장이 무엇이든 막 하는 사람은 나쁜 사람이 될 수 있음을 알려주었다면, 이 문장은 뛰어난 사람은 가치가 높은 것을 추구한다는 사실을 알려준다. 무엇이든 막 하지 말 것이며 가치가 높은 것을 추구하라는 메시지로 정리되고, 일상에서 가치가 높은 것을 추구할 수 있도록 기준이 되어준다. 실제로 일을 하면서 보다 높은 가치를 추구해야 한다는 생각으로 접근하면 일에 대한 스트레스가 줄어들고 생기는 문제들에 의연하게 대처할 수 있는 경우가 많다.

이런 관점으로 사람을 대하면 어떨까? 내가 높은 가치를 추구하고 있다면 그에 맞는 상대방을 만날 가능성이 많다. 가치가 낮은 것에 관심이 있던 사람들도 나와 대화를 하다보면 높은 가치로 눈을 돌리게 될 것이고, 자신이 생각하지 못한 것을 느끼게 되면서 나에 대해서도 호감을 가질 것이다. 일반적으로 낮은 가치란 돈, 승진, 명예, 인기 같은 것들이고 높은 가치란 존경, 사랑, 배려, 몰입 같은 것이다.

독서를 통해서 나아지는 사람이 되려면 높은 가치에 초점을 맞출 수 있어야 한다. 그러려면 매일 좋은 문장을 얻고 그 문장으로 살아가 보려고 애쓰는 시간이 필요하다.

자기성찰의 비결 :

1. 자기를 돌아보는 것이 공부의 시작과 완성이다.

2. 자기를 성찰할 때 인격이 고양되고 품격 있는 사람이 된다. 진정한 지식인은 자기 마음을 자신이 지켜보는 사람이다.

3. 문장과 이야기를 읽을 때 '나는 어떠한가?'를 늘 질문해야 한다. 자기를 알면 남도 알 수 있고 사람의 본성도 알게 된다.

4. 자기성찰 기능을 잃어버린 인간은 파멸할 수밖에 없다. 늘 자신을 돌아보고 경계해야 한다.

5. 사람은 정신적으로 다시 태어나야 한다. 하루에 한 문장을 품고 자기를 돌아보 며 살자.

영웅가

비천검으로

· 4장 ·

내 생각은
없다

그리스 신화의 주인공 오르페우스는 아폴론 신의 아들이었다. 아버지 아폴론은 어린 아들에게 리라를 선물하고 그것을 타는 법을 가르쳐주었다. 덕분에 오르페우스는 리라 연주를 아주 잘할 수 있었고 그의 연주를 듣는 사람들은 감미로운 선율과 아름다운 음악에 빠져들었다.

그러던 오르페우스는 에우리디케라는 여자와 사랑에 빠졌고 두 사람은 결혼해서 행복한 날들을 보냈다. 하지만 그 행복은 오래 계속되지 못했다. 에우리디케를 우연히 보게 된 한 목동이 그녀의 마음에 들기 위해 귀찮게 따라다녔고, 목동을 피해 도망치던 에우리디케가 풀 속에 있던 뱀을 밟는 바람에 뱀에 물려 죽고 만 것이다.

아내의 죽음으로 실의에 빠진 오르페우스는 리라를 연주하면서 슬픔을 달래지만 그것으로는 자신의 마음을 채울 수가 없었다. 너무도 슬펐던 오르페우스는 저승으로 찾아가 아내를 데려오기로 마음먹는다. 온갖 위험을 이기고 저승에 도달한 오르페우스는 저승을 다스리는 신 하데스에게 자신의 아내는 독사에게 물려 수명을 다하지 못하고 죽었으니 명을 다하게 해달라고 부탁하며 그 슬픔을 리라 연주로 들려준다.

연주에 감동한 하데스는 하나의 조건을 단 후에 아내를 데려가도 좋다고 허락한다. 그 조건이란 지상에 도달할 때까지 절대로 뒤를 돌아보아서는 안 된다는 것이었다.

저승에서 지상으로 돌아오는 길은 험난했다. 하지만 사랑하는 아내를 데려갈 수 있다는 기쁨에 힘든 길을 이겨내고 드디어 지상의 출구까지 이르게 된다. 그때 너무 기쁜 나머지 하데스와의 약속을 잊은 오르페우스는 에우리디케가 잘 따라오는지 보기 위해 뒤를 돌아보고 만다. 그러자 사랑하는 아내 에우리디케는 다시 저승으로 끌려들어 가고 말았다.

오르페우스의 슬픈 이야기는 금기를 어기는 인간의 모습을 제대로 보여준다. 뒤돌아보지 말라는 금기를 기필코 깨고야 마는 것이 바로 인간이다. 《나는 소망한다. 내게 금지된 것을》이라는 양귀자 선생의 소설 제목처럼 우리는 금지된 것을 욕망하는 본성을 가지고 있다.

많은 부모가 잊고 사는 것이 있다. 아이들에게 공부하라고 하면 하기 싫어진다는 사실이다. 부모들 역시 어린 시절 익히 경험해보았을 텐데도 이제는 그것을 잊어버린 듯하다. 하라고 하면 하기 싫어지는 것이 사람 아니던가.

반면 하지 못하게 하면 하고 싶은 마음이 생긴다. 고등학교 시절 성인영화를 보기 위해 삼류영화관을 두리번거리던 경험이 나만의 것은 아닐 것이다. 그런 점에서 금지는 욕망을 탄생시키는 조건인지도 모른다.

프랑스의 정신분석학자 자크 라캉은 욕망이라는 키워드에 매달린 사람이다. 프로이트의 작업을 계승했다고 자처하는 자크 라캉은 인간의 욕망을 분석하고 주체적 삶이라는 화두를 던졌다. 그에 따르면 우리가 가진 욕망들은 내 것이 아니라 다른 사람이 이미 만들어놓은, 혹은 내게 주입해놓은 것에 불과하다. 쉬운 예가 있다. 바로 아이들의 꿈이다. 요즘 아이들에게 꿈이 무어냐고 물으면 의사, 공무원 같은 대답들이 나온다. 이건 아이들이 생각할 수 있는 꿈이 아니다. 안전하고 돈 잘 버는 직업을 가지길 바라는 부모들의 꿈이다. 부모들의 꿈이 아이들의 꿈이 된 것이다.

요즘은 셰프라는 대답도 자주 들을 수 있다. 셰프라는 직업은 온종일 뜨거운 불과 싸워야 하는 힘든 일이다. 특히 무더운 여름날 뜨거운 불에 프라이팬을 올려놓고 요리를 해본 사람이라면 요리사가 얼마나 힘든 직업인지 이해할 것이다. 셰프가 꿈의 직업이 된 것은 최근 유행하는 TV 요리 프로그램 때문이다. 아이들이 보기에 멋져 보이고 좋아 보이니 그걸 꿈으로 여긴 것에 불과하다.

이렇든 아이들의 꿈은 아이들의 것이 아닌 경우가 많다. 어른들이라고 다를까? 더했으면 더했지 덜하지 않다. 어른들은 직장생활에 시달리고 경제적 문제로 스트레스를 받는다. 그러다 보니 돈과 자유를 간절히 바라게 된다. 자기가 원하는 일을 꿈꾸는 것이 아니라 돈 잘 벌고 스트레스 덜 받는 일을 꿈꿀 수밖에 없다. 사회적 관계를 맺고 살아가는 인간에게 이것은 숙명이나 다를 바 없다. 다른 사람을 보고 의사소통을 하면서 판단을 하기 때문에 그들의 욕망이 내게 영향을 미친다.

생각도 마찬가지다. 내가 생각한다고는 하지만 사실은 내가 지금까지 경험한 것, 만난 사람들, 들었던 이야기, 읽었던 책을 통해서 말하는 것일 뿐이다. 내가 말하는 것인지 내게 그 사실을 알려주었던 사람이 말하는 것인지 확실하지 않다. 이런 상황에서 '나는 생각한다'라는 명제에 대해 '그렇다'고 명확하게 답할 수 있을까? 내 생각은 정말 내 생각인 걸까?

내 욕망, 내 생각이 내 것이 아니라면 어떻게 내 것을 만들 수 있을까? 인간은 사회적 동물이므로 사회에서 벗어날 수 없다. 당연히 사람들이 만든 욕망의 굴레에서도 벗어날 수 없다. 하지만 어떤 것이 자기 욕망인지 아닌지는 발견할 수 있다. 자신이 원하는 길을 가려면 무엇이 자기 것이 아닌지를 먼저 구분할 수 있어야 한다. 그 시작이 비판정신이다. 다른 사람의 말이나 생각, 주어지는 정보와 지식을 비판적으로 바라볼 수 있어야 한다. 그것이 다른 사람의 욕망에서 벗어나 자기 삶을 사는 주체로서의 첫걸음이다.

우리는 욕망의 주체가 나라는 생각에 익숙하다. 내가 욕망을 느끼지 다른 사람이 느끼는 것은 아니기 때문이다. 하지만 욕망이 내 안에서 일어나는 것이기는 하지만 그 시작은 내가 아니라고 보는 관점도 존재한다. 그에 따르면 욕망은 사회적인 것이며 타인에 의해서 만들어지는 어떤 것이다. 이런 관점을 구조주의라고 부르며 자크 라캉도 그 흐름과 연결되어 있다. 이처럼 구조주의적 관점에 서면 '내 생각'이라는 관점을 넘어 새로운 생각을 할 폭을 넓힐 수 있다는 점에서 도움이 된다.

빈곤의 문제를 개인적 문제로 보느냐 사회적 문제로 보느냐에 따라 그 해결책은 전혀 달라진다. 개인적 문제로 보는 사람들은 그 사람의 타고난 환경이나 품성, 태도에서 가난의 원인을 찾을 것이고, 사회적 문제로 보는 사람들은 가난한 사람이 가난을 대물림할 수밖에 없는 왜곡된 사회구조의 희생양으로 바라볼 것이다. 물론 두 문제가 중첩되어서 나타나기도 한다. 이렇게 구조주의적인 관점에서 보면 인간은 만들어지는 존재 혹은 규정되는 존재라는 식의 소극적인 모습으로 비칠 수도 있다. 하지만 구조주의적 관점은 우리가 생각하지 못한 자신의 모습을 살피게 하는 힘이 있다. 내 욕망이 내 것이 아니고 내 생각 또한 내 것이 아니라는 사실을 알게 된다면 다른 사람들의 욕망과 생각에 휩쓸리는 존재가 아니라 자기 생각을 찾으려고 시도하는 주체적인 사람이 될 수 있기 때문이다.

공부에 비판적 성찰이 필요한 이유는 다른 사람의 생각과 지식에 휩쓸리지 않고 자기 생각을 가지고 살아가는 사람이 되기 위해서다. 그러자면 비판력을 키우는 훈련이 필요하고 독서 과정에서 그것을 충분히 훈련해야 한다. 지식을 무조건적으로 수용하던 단계를 넘어 비판적으로 접근할 수 있다면 한 단계 더 나아간 상황이라고 보아도 무관할 것이다. 이제야 비로소 자기 생각을 만들어 갈 준비가 된 것이다.

두 관점에서
생각한다

소심한 노인이 목초지에서 나귀에게 풀을 뜯기고 있었습니다. 갑자기 적군의 고함 소리가 나서 그는 놀랐습니다. 그가 외쳤습니다.

"빨리 도망가라. 그들에게 붙들리지 않도록."

그러나 나귀는 서두르지 않았습니다.

"만약 내가 정복자의 손에 들어간다면 내게 짐을 두 곱으로 지울까요?"

나귀가 물었습니다.

"그러진 않겠지."

노인이 대답했습니다.

"여느 때의 짐을 지기만 하는 것이라면 주인이 누가 되건 내게 무슨 노인에게는 중요한 변화를 가져올 일이지만 나귀에게는 전혀 그렇지 못한 상황에 대한 이야기다. 세상에는 엄청난 변화가 닥쳐오는 것처럼 호들갑을 떠는 사람들이 가끔 있는데 평범한 우리에게는 아무런 차이도 없는 일일 때가 많다. 정치인들이 자기를 뽑지 않아 상대방이 당선되면 우리 삶이 파멸할지도 모른다는 식의 엄청난 협박을 하는 경우를 종종 본다. 자신에게야 당선이 되면 멋진 일이고 낙선이 되면 절망할 일이니 그럴지도 모르지만 우리에게는 별 차이가 없는 경우가 많다. 이럴 때 자기 관점으로 세상을 보는 능력이 필요해진다.

'내가 그를 뽑아야 하는 이유가 무엇인가?'

'그가 말하는 변화가 나에게는 어떤 영향을 미칠까?'

이런 질문을 던지고 조금만 생각해보면 상대방의 주장이 얼마나 가치 있는 것인지를 금방 알 수 있다. 이렇게 자기 입장에서 생각해보는 시간을 갖는 것은 어떤 주장이나 문제를 자기 혹은 개인의 입장에서 어떻게 받아들이는지에 대한 감각을 얻을 수 있다는 점에서 중요하다.

우리 주변에는 온갖 주장과 유혹이 넘쳐난다. 그 방법도 점점 발달해서 직접적으로 주장하는 경우는 드물어지고 간접적이고 상징적인 방식으로 메시지를 전달하는 경우가 많다. 기업의 이미지 광고가 그렇고, 명강사라고 불리는 사람들의 강의도 그렇다. 점점 표현 방법이 세련되고 섬세해져서 우리도 모르게 우리 생각을 뒤흔들어놓는다. 이런 상황에서 비판력을 가지지 못하면 자신도 모르게 상대방의 주장을 내 것인 양 받아들이게 될 것이고 필요도 없는 물건들을 사면서도 사치인 줄 모르게 될 것이다.

자기 관점에서 생각하는 힘을 얻는다는 것은 꼭 필요한 일이지만 그것에 매몰되면 자칫 자기만 아는 이기적인 인간이 될 수 있다. 적군이 쳐들어와도 나한테 큰 피해가 없다고 팔짱 끼고 구경만 하는 사람들은 흔하게 볼 수 있다. 일제 강점 시절 일본군이 주둔한다고 해서 자신의 이익에 큰 영향이 없다고 수수방관하던 사람들을 생각해보면 될 일이다.

그래서 필요한 것이 전체의 관점에서 생각해보는 것이다. 나에게는 큰 변화가 없다고 할지라도 나를 둘러싼 공동체에는 분명 큰 영향을 미치는 일이 있을 수 있다. 이때 그것이 긍정적이냐 부정적이냐를 전체의 입장에서 생각할 수 있다면, 나와는 상관없는 변화에 우리가 어떤 입장을 취해야 하는지를 판단할 수 있다. 평범한 대중이 자기 입장에서만 생각할 때 공동체의 리더는 전체 입장에서 생각할 수 있어야 한다. 그런 점에서 리더에게는 공동체 전체의 이익을 생각할 수 있는 눈이 절실하다.

책을 읽는 사람들이 모두 리더가 되는 것은 아니지만, 리더가 되려면 책을 읽어야 한다는 말이 있다. 이 말에 동감하는 것은 책을 읽어 리더가 되는 사람들은 자기 입장에서 옳고 그름을 판단하는 것을 넘어 공동체 전체의 관점에서 생각하는 힘을 얻은 사람들이라는 믿음 때문이다. 그런 점에서 책은 훌륭한 리더가 될 수 있는 중요한 훈련소임이 분명하다.

그럼 전체의 입장에서 생각할 수 있으려면 어떤 독서 방법이 필요할까?

먼저 독서를 통해 지식을 익혀 잘 먹고 잘 살겠다는 관점에서 벗어나야 한다. 편협한 자기계발의 논리에서 벗어나야 한다는 말이다. 자기계발이 필요 없다는 말이 아니다. 혼자 잘 사는 자기계발이 아니라 다른 사람의 삶도 고려할 수 있는 자기계발이 되어야 한다는 말이다. 진정한 자기계발이란 다른 사람들의 삶을 고려하고 함께 행복할 방법을 찾아나가는 것이 아니던가. 자기계발에 지식과 기술뿐만 아니라 정신이 중요한 이유가 이 때문이다.

책의 선택도 중요하다. 일반적으로 자기계발을 강조하는 책들은 읽기가 쉽다. 공동체의 이익이나 전체적인 관점에서 세상을 바라보는 책은 읽기가 어렵다. '인간관계에서 성공하는 법'에 대한 책은 잘 읽어내지만 '인간의 본성'에 대한 책은 잘 잡히지 않는다. 전자는 자신과 직접적으로 연관되기 때문에 관심이 가지만 후자는 큰 주제를 다루기 때문에 나와는 관계가 없는 것 같고 멀게만 느껴진다. 그러다 보니 나에게 직접 도움이 되는 책만을 선택하는 경향이 생긴다. 시중의 베스트셀러 대부분이 이런 책들이다. 출판사에서도 이런 경향을 잘 알기에 개인의 필요와 감성을 자극하는 책들을 위주로 제작할 수밖에 없다.

하지만 생각의 크기를 키우려는 사람들은 다른 방식으로 책을 선택해야 한다. 나의 관점, 나의 이익에 도움을 주는 책이 아니라 우리 사회 전체의 눈으로 세상을 보도록 돕는 책이 필요하다. 이런 책들은 주로 인문고전으로 분류된다. 나와 밀접한 관계도 없고 인간 자체를 대상으로 하기에 추상적으로 느껴져서 읽기가 어렵다. 그러다 보니 관심이 있는 소수에게만 선택되어왔다. 그런데 그것들을 읽어왔던 그 소수가 우리 사회에서 자신의 목소리를 낼 수 있는 자기 분야의 리더들이다.

사람은 주어진 자극에 따라 반응하는 존재다. 주위에서 어떤 이야기를 듣느냐에 따라 그와 관련된 생각을 하게 되는 것이 사람이다. 당연히 어떤 내용을 담은 책을 읽느냐에 따라 생각의 방향도 달라진다. 그래서 무엇을 읽느냐가 중요해진다.

나를 넘어 전체의 눈으로 세상을 보는 연습을 하려면 당연히 전체의 관점에서 세상을 보는 책을 읽어야 한다. 자기계발서를 주로 읽는 사람이라면 가끔은 인문고전을 덧붙여주는 것이 좋은 방법이다. 《장자》나 《도덕경》 같은 책을 읽으면 아등바등 살아가는 사람들의 모습을 발견할 수 있고, 세상의 큰 도(道)를 통해 생각의 크기도 키울 수 있다. 사마천의 《사기열전》을 읽으면 중요한 순간의 선택이 어떻게 한 인간의 삶을 뒤바꾸어놓는지를 알게 되고, 선현들의 삶을 통해 자기 삶을 전체적으로 바라보게 된다. 레이첼 카슨의 《침묵의 봄》을 읽은 사람이라면 인간이 얼마나 지구환경을 황폐화시키는지 분노하게 될 것이고, 각종 개발과 건설사업을 지구공동체의 관점으로 바라보게 될 것이다.

서재는 그 사람의 초상이라는 말처럼 그가 읽는 책을 보면 그의 마음과 성향을 알 수 있다. 자기만 아는 사람을 넘어 공동체를 생각할 수 있는 사람이 되려면 그런 책을 읽고 그런 생각을 키워야 한다. 다산 선생은 자식들에게 보낸 편지에서 옳고 그름, 이익과 해로움에 대해 이렇게 말하고 있다.

"천하에는 두 가지 큰 기준이 있는데 옳고 그름의 기준이 그 하나요, 다른 하나는 이롭고 해로움에 관한 기준이다. 이 두 가지 큰 기준에서 네 단계의 큰 등급이 나온다. 옳음을 고수하고 이익을 얻는 것이 가장 높은 단계이고, 둘째는 옳음을 고수하고도 해를 입는 경우이다. 세 번째는 그름을 추종하고도 이익을 얻음이요, 마지막 가장 낮은 단계는 그름을 추종하고 해를 보는 경우다."

－《유배지에서 보낸 편지》, 정약용

선생은 귀양살이를 하면서도 부패한 세력과의 타협을 거절해야 한다고 단호히 말하고 있다. 그런 타협은 세 번째 혹은 네 번째 단계로 떨어지는 지름길이기 때문이다. 여기서 주목할 것은 선생이 옳고 그름을 우선시했고 이익과 해로움을 나중의 것으로 보았다는 점이다. 옳고 그름을 살핀 후 옳은 것을 추구하되 그 결과가 이로울 수도 있고 해로울 수도 있음을 받아들였다. 옳고 그름보다 자신의 이익을 우선시하는 사람과는 다른 기준을 가진 것이다.

이것이 선생이 존경받는 이유이고 지금까지 그의 정신이 살아 있는 이유다. 공동체 전체를 생각할 수 있는 정신, 자신의 이익보다 올바른 것을 우선시하는 양심이 사라진 사회는 공멸할 수밖에 없다. 비판적 공부는 두 방향으로 이루어져야 한다. 하나는 나의 관점에서 지식을 바라보는 것이고, 다른 하나는 전체의 입장에서 지식을 검토하는 것이다.

순수한 지식은 없다

> "나는 생각한다. 고로 존재한다(cogito ergo sum)."

데카르트의 말은 근대철학의 시작을 알리는 상징으로 읽힌다. 확실한 지식을 발견하고자 했던 데카르트는 그 방법으로 방법적 회의를 선택하고 모든 것을 의심해서 더는 의심할 수 없는 진리를 찾아내려 했다. 그 결과가 '나는 생각한다. 고로 존재한다'라는 명제다. 세상 모든 것을 의심해도 내가 없다면 그 의심도 불가능할 것이다. 결국 내가 존재하기 때문에 의심도 할 수 있고 생각도 할 수 있다는 것이 데카르트의 결론이었다.

우리가 흔히 '생각하고 있다'는 말을 할 때는 주체를 전제로 한다. 내가 생각하고 있는 것이다. 데카르트는 생각의 주체가 나라는 사실을 명백히 하고 있다. 나는 사과를 좋아한다고 했을 때 내가 사과를 좋아하는 것이다. 이런 주체의식은 의심할 여지가 없어 보인다. 모든 것을 부정해도 내가 생각하고 있기 때문에 세상을 인식할 수 있다는 것은 너무도 명확하기 때문이다.

이런 생각은 소크라테스와 플라톤 시절에 이미 싹이 텄다. 플라톤은 눈에 보이지 않는 진리가 있다고 했으며, 그 진리를 이데아라고 불렀다. 그 진리를 찾기 위해서는 세상에 대한 통찰력을 가진 사람들이 필요한데 그 역할을 맡은 사람을 철학자라고 생각했다. 철학을 통해 진리를 발견하고 그것을 실천하며 사는 것이 진리에 부합하는 삶이라는 것이다. 플라톤이 생각한 진리는 객관적이고 초역사적인 것이었다.

데카르트도 인간을 생각하는 주체가 되어 진리를 찾아가는 존재로 보았다는 점에서 차이가 없다. 그래서 근대까지의 서양철학을 플라톤에 대한 재해석이라고 말하기도 한다.

플라톤의 진리와 데카르트의 코기토에 대해 순진한 생각이라며 코웃음을 치는 사람이 있었다. 니체였다. 니체는 그동안 절대시해 왔던 진리 혹은 주체라는 개념을 단번에 무시해버렸다. 그가 제시한 방법은 계보학이었다. 계보학은 어떤 개념이나 현상에 대해 역사적 형성 과정을 되짚어보는 학문이다. 소크라테스 이후의 서양철학이 '진리란 무엇인가'에 집착해온 것에 대해 니체는 이런 질문 방식에 문제가 있다고 주장한다. 그리고 진리란 무엇인가가 아니라 '어떤 것이 진리인가'라고 물어야 한다고 말한다. 이런 질문을 던질 때 진리의 의미와 가치를 알 수 있고 그 뒤에 숨겨진 권력과 힘의 작용을 드러낼 수 있기 때문이다.

우리는 어떤 개념이나 지식에 대해서 좋다, 나쁘다, 참이다, 거짓이다 같은 평가 기준을 가지고 있다. 한국 사람이면 누구나 효(孝)는 좋다고 생각한다. 이때 전통철학은 효란 무엇인가를 묻는다. 효란 무엇이고 어떻게 해야 효도를 다할 수 있는지 묻는 것이다. 반면 니체는 어떤 것이 효인가 혹은 왜 효인가를 묻는다. 역사적으로 펼쳐지는 효라는 개념의 형성과 변화 과정을 보면서 효의 뒤에 작용하고 있는 권력과 힘의 작용을 찾아보려는 시도다. 이 과정을 살피다 보면 효라는 개념이 인간의 순수한 본성의 발현인지 아니면 사회권력을 유지하려는 자들이 만들어낸 이데올로기인지를 발견할 수 있다. 실제로 효라는 개념은 충과 결합되어 사회질서를 유지하는 데 활용되었고, 시대마다 그 모습이 달라져 왔다는 사실을 알 수 있다.

이처럼 계보학적 방법은 지금까지 알려진 역사적 사실이나 지식을 재평가하게 하고, 절대적인 진실이라고 간주되어온 것들에 대해 새로운 의문을 품게 한다. 덕분에 우리는 사건과 지식을 비판적으로 바라볼 수 있고 권력작용의 의도를 파악할 수 있다. 데카르트는 우리가 생각하기 때문에 존재한다고 했지만, 니체는 우리의 생각은 이미 만들어진 것들을 주입받는 것인지도 모른다는 새로운 방법적 회의를 불러일으켰다. 모든 지식은 어떤 권력의 작용에 의해서 탄생하며 우리가 생각하는 순수한 지식은 없다는 것이다.

비판적 독서를 위해서는 이런 계보학적 방법을 사용해보는 것이 도움된다. 니체의 계보학을 어렵게 생각할 필요는 없다. 우리에게 필요한 만큼, 가능한 방법으로 활용할 수 있으면 그뿐이다. 계보학은 어떤 개념이나 사건들의 배경과 조건, 원인을 살펴보려는 의도와 관련이 있다. 이런 의도는 '왜?'라는 질문과 연관될 수밖에 없다. 왜 이런 사건이 일어났고 왜 이런 개념이 만들어졌는지 이유를 살펴보면 그 시원을 알 수 있다. 그럼으로써 그런 사건과 개념이 만들어질 때 작용했던 권력 혹은 힘을 찾아낼 수 있다. 우리는 주어진 것들을 너무도 당연하게 받아들인다. 충효가 그렇고 질서가 그렇고 돈이 그렇다. 그것이 왜 옳은지, 왜 중요한지, 왜 필요한지에 대해서는 깊이 생각해보지 않는다. 공부를 하는 사람이라면 있는 그대로 받아들이는 평범한 사람들과는 차이가 있어야 한다. 그 차이란 바로 모든 것을 의심해보는 방법적 회의이고, 그 방법이 바로 '왜'라는 질문을 던지는 것이다.

두 번째 방법은 개념이나 사건들의 다양한 모습을 살펴보는 것이다. 한 개념이라고 해도 하나의 모습만 있는 것이 아니다. 시대에 따라 상황에 따라 다른 모습을 보인다. 그 모습이 변하는 과정을 살펴보면 힘의 작용들이 눈에 보인다. 니체의 계보학을 적용해서 권력이 작용하는 방식을 연구했던 미셸 푸코의 《감시와 처벌》을 살펴보자.

푸코는 범죄에 대해서 역사적으로 처벌이 이루어진 과정을 분석했다. 중세에 범죄자들에게 가해진 형벌은 신체형이었다. 신체에 고통을 줌으로써 징벌한다. 이런 과정을 시민들이 보는 앞에서 행함으로써 왕의 힘을 과시하고 범죄가 재발하지 않도록 위협했다. 우리나라나 중국의 역사만 봐도 반역죄를 지은 사람은 물론이고 그 가족까지 죽여 저잣거리에 효수하였으니 서양과 방식이 크게 다르지 않았다. 하지만 이런 방식에는 부작용이 따랐다. 시민들이 범죄자를 보며 동정심을 느끼고, 곧 왕권과 같은 기존의 질서에 대해 반발심을 가지게 된다는 것이었다.

이런 문제점을 깨달은 권력은 다른 방식을 찾는다. 그래서 등장한 것이 징역형이었다. 징역형은 몸이 아니라 정신에 가하는 징벌이다. 죄를 지은 사람을 가두고 감옥에서 만든 규율을 따르게 하여 교화하는 것이 주된 내용이었다. 이런 징역형이 고도화되면서 만들어진 것이 바로 파놉티콘(Panopticon)이다. 파놉티콘은 원형으로 된 감옥으로 그 가운데 높은 탑을 두어 수감자들을 감시하는 방법을 취한다. 감시탑에서는 감방을 잘 볼 수 있지만 감방에서는 감시탑에서 자신을 감시하고 있는지 어떤지 알 수 없게 만들어졌다. 수감자들은 감시자가 자신을 감시하는지 어떤지 알 수 없기 때문에 늘 감시당하고 있다고 생각하고, 자기도 모르게 감옥 속의 규율을 따르게 된다.

푸코가 지적한 점은 이런 파놉티콘 같은 감시체계가 감옥에 국한되지 않고 우리 사회 전반에 확산되었다는 것이다. 병원이 그렇고, 공장이 그렇고, 학교가 그렇다. 병원에서는 규율을 지키지 않으면 건강하지 못할 것이라는 협박을 받는다. 공장에서는 월급을 제대로 받지 못하거나 해고당할 수 있다는 위협이 존재한다. 학교에서는 잘못하면 벌을 받고 잘하면 상을 받는다. 시험을 쳐서 잘하고 있는지 그렇지 못한지도 평가받는다. 이런 과정을 통해 우리의 생각과 몸은 권력에 의해 통제되고 권력의 입맛에 맞게 만들어진다.

처벌의 방법을 계보학적으로 살펴봄으로써 푸코는 우리의 생각과 몸이 길들고 있다는 것을 밝혀냈다. 이처럼 계보학적 분석은 우리의 비판력에 날을 세워준다. 그 과정에서 '왜', '무엇 때문에'라는 질문은 개념과 사건의 해석에 더해진 권력과 힘의 움직임을 감지하도록 돕고 근본을 파헤치게 해준다.

비판력을 키우는
최고의 공부, 역사

묘청의 난에 관한 설명으로 옳지 않은 것은?

① 윤관에 의해 진압되었다.

② 풍수도참설이 이용되었다.

③ 금나라 정벌을 주장하였다.

④ 칭제건원(稱帝建元)을 주장하였다.

우리는 이런 문제에 익숙하다. 역사 공부를 하는 이유도 문제를 잘 풀어서 시험에 합격하거나 자격증을 얻기 위한 경우가 대부분이다. 사정이 이렇다 보니 역사 공부가 재미없고, 어쩔 수 없이 외우는 방식으로 공부를 하게 된다. 어떤 공부든 마찬가지지만 외우는 공부를 해서는 좋은 결과를 얻기가 어렵다. 특히 역사와 같이 생각을 키우고 비판의식을 높일 수 있는 학문에서는 더욱 그렇다. 역사는 단순한 암기과목이 아니라 비판력을 키우고 논리력을 높이는 멋진 학문이다.

역사가 재미없어지고 단순히 외우는 방식으로 배우게 된 것은 문제를 풀어야 하는 평가 방식 때문이다. 하지만 평가 방식이 그렇다 해도 배우는 방식을 바꿀 수 있다면 배움 자체에서 재미를 얻을 수 있다. 평가 방식을 바꿀 수 없다면 배우는 방식이라도 바꾸어야 한다. 특히 시험을 위한 공부가 아니라 역사 자체에 호기심이 생겨서 책을 읽는 경우라면 더욱 그렇다. 그 방법이란 바로 공부의 순서를 바꾸는 것이다.

역사를 공부하는 방법을 생각해보자. 일단 책을 펴고 역사적 사실들을 읽어 내려간다. 그리고 자료들을 모아 정리하고 내용을 머릿속에 외워둔다. 이것이 보통의 공부 방식이다. 그런데 이런 방식은 책을 읽고 많은 자료를 학습하는 과정이 수동적이기 때문에 재미를 느끼기 힘들다. 왜 해야 하는지 이유를 알지 못한다면 더더욱 공부를 계속할 동기를 찾기 어렵다. 읽어야 할 내용이 많기에 읽고서도 머리에 정리가 잘 되지 않으며, 무엇보다 비판력과 자기 생각이 만들어지지 않는다. 이런 공부로는 아무리 많은 자료를 읽고 정리해도 자기 생각에 도달하는 데는 한계가 있다.

반면 이런 방식을 거꾸로 한다면 훨씬 효율적으로 공부할 수 있고 재미도 얻을 수 있다. 거꾸로 읽는 방법이란 공부를 한 후 결론을 내리는 것이 아니라 자기 나름의 결론을 먼저 내린 후 자료를 찾아보는 것이다. 자료가 없는데 어떻게 결론을 내릴 수 있을까 의문스러울 수도 있다. 하지만 우리는 역사에 대한 기본 개념이나 지식을 어느 정도 가지고 있기 때문에 결론을 내리는 것이 어려운 일은 아니다. 게다가 이 결론은 미리 정해둔 생각일 뿐이기 때문에 진정한 결론이 아니다. 정보가 없으면 없는 대로 잘했다 못했다 정도의 결론은 내릴 수 있다.

이렇게 자신의 의견을 먼저 결정한 후 그 인물과 사건에 대한 자료를 찾아본다. 자료를 찾아가다 보면 자신의 의견이 견고해질 수도 있고 수정될 수도 있다. 이런 과정으로 어느 정도까지 공부한 후에 결론을 내리면 된다. 결론을 내릴 만큼의 공부가 되었는지는 공부하는 과정에서 느낌으로 알 수 있다.

이런 방식의 장점은 공부에 대한 재미를 심어준다는 것이다. 그리고 논리력과 비판력도 길러준다. 이렇게 공부하면 자료가 자신의 결론에 부합하는지 그렇지 않은지를 생각해나갈 수 있기 때문에 자료 하나하나가 의미 있어지고 중요한 근거로 활용된다. 게다가 자기만의 결론을 정리한 후 왜 그런 결론에 도달했는지 논리적 근거를 정확하고 다양하게 제시할 수 있다. 공부가 끝난 후에도 내용이 잊히지 않음은 물론이고 그 과정에서 생긴 비판력과 논리력은 다른 책을 읽고 공부하는 데 중요한 바탕이 될 수 있다.

고려 중기에 발생했던 묘청의 난에 관한 이야기를 통해서 거꾸로 공부하는 방법을 살펴보자. 평소에 공부하는 방법이라면 묘청의 난에 관한 책을 읽거나 자료를 찾아서 지식을 늘리려고 할 것이다. 거꾸로 하는 방식은 먼저 결론부터 내려야 한다. 일단 묘청의 난은 부패한 고려 사회를 개혁하려던 혁명으로, 묘청의 선택은 옳았다는 것으로 결론을 내리고 시작해보자. 물론 그 반대의 의견을 가져도 무관하다.

그런 후 묘청의 난에 대해서 책을 읽고 자료를 찾아본다. 이때 자료들이 자신의 생각을 보충해주거나 근거가 될 수도 있고 그와 반대되는 경우도 있다. 이런 자료를 살피면서 그때마다 자기 생각을 펼쳐나간다.

묘청이 서경(평양) 천도를 주장했다는 것은 단순한 사실이다. 이런 사실만으로 의견에 대한 논거를 찾기는 어렵다. 그럴 때는 왜 주장했는지 이유를 찾아봐야 한다. 묘청의 주장은 개경(개성)의 지덕이 쇠했고 서경의 지덕이 융성해서 천도를 하면 여러 나라가 조공을 바치고 고려가 융성할 것이라는 이유였다. 물론 이것은 표면적인 것이고 천도의 배경에는 개경을 기반으로 한 문벌귀족들의 세력을 약화시키려는 의도가 있었다. 게다가 당시 고려를 압박하던 금나라를 정벌하는 데 전초기지가 될 수 있는 곳이 서경이기도 했다. 여기에 서경 출신들은 관직 임명 등에서 지역적인 차별을 받아온 것에 억울한 마음도 있었다.

이런 자료들을 살펴보면 묘청이 서경으로 천도하려 했던 이유를 발견할 수 있다. 이를 통해 묘청이 하고자 했던 것은 문벌귀족에 의해 좌우되던 고려 사회를 개혁하고 칭제건원과 금국 정벌을 통해 자주적인 국가를 완성하겠다는 의도였음을 알 수 있다. 이런 시도를 문벌귀족들이 가만히 지켜볼 리 없었고 김부식을 중심으로 똘똘 뭉쳐 묘청에 대항하기 시작한다. 여러 가지 사정으로 인종이 서경 천도를 포기하려는 모습을 보이자 묘청은 배수의 진을 치고 서경을 거점으로 난을 일으킨 후 국호를 대위, 연호를 천개라고 한 후 새로운 국가 건설을 선언한다. 하지만 김부식을 토벌대장으로 하는 관군에게 진압되어 난은 1년여 만에 평정되고 말았다. 이 사건을 두고 《조선상고사》로 유명한 신채호 선생은 "발해의 멸망보다 몇 배나 더 중요한, 조선 역사상 1천 년 이래 최대 사건"이라고 평했다. 그리고 그 이유가 묘청이 패하고 김부식이 승리하여 조선 역사가 사대적이고 보수적인 유교사상에 정복되고 말았기 때문이라고 했다.

이런 내용을 살펴보면서 자료를 찾고 공부를 한다. 그리고 최종적으로 자기만의 결론을 다시 내린다. 묘청의 서경 천도운동에 대한 자기만의 평가 혹은 의미를 발견하고 정리하는 것이다. 이때 그동안 공부한 자료들이 그 근거로 제시될 수 있다. 참고가 될 수 있을 듯해서 개인적으로 정리해본 묘청에 대한 정리자료를 제시해 본다.

결론: 묘청의 이상은 존중하나 현실적 방법은 현명하지 못했다.

이유

1. 대내적으로는 국가를 혁신하고, 대외적으로는 외세의 압력에 대해 자주정신에 따라 적극적으로 대응했다(서경 천도와 칭제건원, 금국 정벌).

2. 서경 천도 추진 과정에서 풍수지리설 등을 빌려 설득했으나 그 외의 설득 논리를 구체적으로 제시하지 못했다.

3. 칭제건원과 금국 정벌은 자주성이 담겨 있으나 당시 금나라의 힘을 과소평가했을 가능성이 크다(당시 금나라는 거란의 요나라를 멸망시키고 송나라를 압박하여 남쪽으로 몰아낼 만큼 국력이 강한 상태).

4. 정지상 등의 우군세력을 개경에 그대로 남겨두어 세력이 흩어진 상태에서 난을 일으켰다(김부식은 개성에 남아 있던 묘청 지지세력을 먼저 숙청).

5. 함께 난을 일으켰던 조광이 배신할 정도로 반란군의 응집력이 약했다.

우리가 역사를 공부하는 방식은 주로 사건이나 인물인 경우가 많다. 역사를 공부하는 이유가 과거를 통해 현재를 살아가는 현명한 방법을 배운다는 의미라면 사건과 인물에 대한 공부는 이런 현명함을 얻는 중요한 방법이 될 수 있다. 이때 사건과 인물에 대한 평가를 먼저 한 후 그에 필요한 자료를 찾아 공부하는 방식은 비판력과 논리력을 키우는 중요한 방법이다.

이것은 역사뿐 아니라 우리 일상생활에서도 가능하다. 정치인에 대한 평가, 사건에 대한 자기 의견, 중요한 문제에 대한 소견을 먼저 가지고 접근해보는 것이다. 좋은 게 좋은 거라는 생각에 자기 의견을 감추려는 경향이 강한 우리나라 사람들에게 이런 공부는 논리력과 비판력을 키워주는 중요한 방법이라고 믿는다.

대한민국에는 다양한 문제가 떠다닌다. 국정 역사 교과서, 아파트 재개발, 빈익빈 부익부, 북한 핵 개발, 신자본주의 등 찾아보면 우리의 판단을 기다리는 무수한 문제가 존재한다. 이런 것에 대한 자기 생각이 필요하다. 판단을 유보하지 말고 먼저 결정을 내려보자. 그리고 자료를 살펴보고 의견을 들어보면서 생각을 보완하고 수정해가자. 그 과정에서 진짜 공부의 재미를 발견할 수 있고 논리력, 비판력, 생각하는 힘이라는 멋진 결과도 얻을 수 있다.

자기 생각이 없으면
다른 사람의 지배를 받게 된다

사람들은 다루기 어려운 사람을 좋아할까, 다루기 쉬운 사람을 좋아할까? 당연히 다루기 쉬운 사람을 좋아할 것 같다. 그런데 가만히 생각해보면 정말 다루기 쉬운 사람을 좋아하는가에 대해 의문이 생긴다. 사람들은 다루기 쉬운 사람과 가까이 지내기는 하지만 그것으로 그를 좋아한다고 말하기는 어려운 경우가 많기 때문이다. 우리는 다루기 쉬운 사람을 좋아하는 것이 아니라 편하게 느낄 뿐이다. 오히려 나와는 다른 생각을 가졌지만 자기 생각을 매력적으로 전달하는 모습을 보며 호감을 느끼는 경우도 많다.

특히 조직에서 함께 일하는 경우라면 좋다는 감정의 기준은 달라질 수 있다. 팀장의 입장이라면 성과를 내거나 다른 사람들, 특히 고객들을 설득하는 힘을 가진 사람을 좋아할 수밖에 없다. 이때 상대방을 설득하고 성과를 내는 사람들은 자기 생각과 의견이 분명한 경우가 많다. 자신의 생각을 상대방에게 전달하고 설득할 수 있는 사람은 다루기 쉬운 사람이 아니라는 뜻이기도 하다.

논리적이다 혹은 말을 잘한다는 평가를 받는 사람들을 살펴보면 대부분 자기 생각과 주장이 분명하다. 논리적이다 혹은 말을 잘한다는 평가의 배경에 다른 사람들과 다른 자기 생각과 주장을 가졌다는 의미가 담겨 있기 때문이다. 모든 사람은 죽는다는 주장을 펼치는 사람을 논리적이라고 하지는 않는다. 이 주장은 너무 평범하고 모든 사람이 아는 내용이기 때문이다. 반면 죽음이야말로 인간을 가치 있게 만들어준다고 주장하면서 그 근거를 제시할 수 있는 사람은 논리적이라고 평가받는다. 보통 사람들이 싫어하는 죽음이라는 개념을 인간의 가치와 연결해서 설명해낼 수 있다는 것은 그가 독특한 생각을 가지고 있다는 뜻이다. 물론 그 주장을 뒷받침하는, 신뢰할 만한 근거를 제대로 제시하는 것도 필요하다.

이렇게 보면 논리성이라는 말은 두 가지 요소가 결합된 것임을 알 수 있다. 하나는 그가 가진 생각이나 주장이 일반적이지 않고 독특한 것이어야 한다는 것이고, 다른 하나는 자신의 주장을 증명할 수 있는 근거를 설득력 있게 제시해야 한다는 것이다.

일제는 우리 강토를 점령한 후 식민사관을 주입하려고 끊임없이 노력했다. 그것이 얼마나 뿌리 깊었는지 아직도 우리 학계에서는 식민사관에 대한 논쟁이 뜨겁다. 일제가 이렇게 우리 역사를 자신의 것으로 만들려고 했던 이유가 무엇일까? 단언컨대 역사가 없는 민족은 존재할 수 없기 때문이다. 자신의 역사가 없다는 말은 자기가 누구인지 모른다는 말이다. 자기가 누구인지 모르는 사람은 다른 사람의 말과 생각에 따를 수밖에 없고 이것이 일제가 식민사관을 주입하려 한 이유였다.

'나는 누구인가?'라는 질문을 던져보면 이름이 무엇이고, 부모님은 누구이며, 어디에서 태어나서 어떻게 살았는지에 대한 이야기들이 자연스럽게 나온다. '나는 누구인가?'라는 정체성에 대한 대답이 우리의 과거에 있기 때문이다. 그래서 그 사람을 알려면 그의 과거를 보라고 했던 것이다. 과거는 나를 형성하는 바탕이며 내가 누군지 알 수 있는 근거가 된다.

독서를 하는 것은 자기 생각을 만들어가는 과정의 일환이다. 자기 생각이 생기면 다른 사람들의 말이나 생각을 비판적으로 수용할 수 있기에 현혹되지 않는다. 자기 생각이 없을 때 다른 사람을 따라 하게 되고, 시류에 편승하려 하다 이리저리 휘둘리는 삶을 살게 된다. 독서는 자기 생각을 만들어주어 삶의 중심을 가지게 하고 공부와 경험에 질서를 부여해서 비판적인 수용을 통해 자신의 생각을 더 크고 튼튼하게 만들어준다.

그런데 책을 많이 읽었다는 사람들도 자기 생각이 없거나 중심이 없이 이리저리 흔들리고 그릇된 정보에 쉽게 미혹되곤 한다. 왜 그럴까? 한마디로 독서의 역사가 없기 때문이다. 좋은 독서가는 자기만의 독서 역사가 있다. 이때 독서 역사란 내가 어떤 책을 읽어 왔는가에 대한 단순한 기록이 아니다. 내가 생각한 흔적들의 자취이고 사상의 근거가 만들어지는 과정이다. 서재에 천 권의 책을 꽂아놓아도 역사가 되지 못하는 것은 읽기만 했을 뿐 비판하고 정리하는 과정을 통해서 자기 생각을 만들어본 기록들이 없기 때문이다.

자기 역사를 모르면 내가 누군지 알 수 없듯이 독서 역사가 없는 사람은 자기 생각을 가지기 어렵다. 자기 생각이 없으니 주관을 가지고 살아가기 어렵고 다른 사람의 생각에 쉽게 영향을 받는다. 사람 좋다는 이야기는 듣지만 정작 자기 스스로 만족하기는 어렵다. 다른 사람들의 주장에 반박하고 싶은데 어떤 논리를 내세워야 할지 몰라 스스로에게 불만이 생기는 경우도 마찬가지다. 이런 경우라면 스스로 판단하고 주장하는 노력을 반복할 필요가 있다. 자기만의 독서 역사를 만들어보는 것이다.

좋은 독서가가 되려면 자기 생각을 만들어가야 한다. 그러자면 그 생각들을 형성하는 작업부터 해야 한다. 이때 필요한 것이 독서를 한 후에 내용을 정리하는 작업이다. 내용의 핵심을 정리하고 그것에서 무엇을 배웠으며 어떤 생각을 가지게 되었는지를 정리해보는 시간이 반드시 필요하다. 이 과정을 통해서 생각이 다양화되고 정리되면서 옳고 그름에 대한 자기 생각이 만들어진다. 책을 읽고 정보와 지식만 얻어서는 선택의 상황에서 정보만 많아질 뿐 큰 도움이 되지 못한다. 정말 필요한 것은 무엇이 옳고 무엇이 그른지, 어떤 것이 현명한 것인지에 대한 자기 기준이다.

그래서 책을 읽고 내용을 정리하고 자신의 생각을 기록하는 것은 독서에서 빼놓을 수 없는 활동이다. 대부분 내용을 요약하기만 하는데, 그래서는 정보와 지식을 얻을 뿐 자기 것으로 만들 수 없다. 현실에 적용할 수 있는지 생각해보고, 비판해보고, 자기 생각을 가미해서 주장을 정리해야 한다. 책을 읽으면서 밑줄을 긋고 책의 여백에 떠오르는 생각을 기록해보고 단원이 끝났을 때 자기 생각을 요약해보라고 하는 이유가 이것 때문이다.

또한 생각의 근거를 제시해보는 시간을 가지는 것도 필요하다. 왜 그렇게 생각하는지 이유를 제시하는 것은 논리성을 높이는 중요한 훈련이 된다. 처음에는 자신의 주장에 대한 근거를 제대로 제시하기가 쉽지 않을 것이다. 이때 힘들다고 포기해버리면 스스로 생각하는 힘을 얻을 기회가 사라질 수도 있다. 자기 생각을 만들려면 자신에게 계속해서 물어야 한다. 비록 엉터리 논리라 할지라도 주장에 대한 근거를 계속 제시하려는 노력이 중요하다. 그러다 보면 주장이 논리에 맞는지 현실에 부합하는지를 스스로 깨닫는 날이 오기 때문이다.

많은 책을 읽는 것이 지혜와 통찰력을 얻는 데 중요하다는 것은 누구나 아는 사실이다. 하지만 무조건 많이 읽는다고 해서 좋은 결과를 얻을 수는 없다. 읽고 비판하고 주장을 정리하고 근거를 제시하는 과정을 반복하면서 다양한 책을 읽다 보면 정보와 지식이 서로 연결되어 지식의 화학작용이 일어난다.

자신의 독서 역사를 남겨보자. 이 책을 읽고 무엇을 배웠으며 그것에 대한 나의 생각은 어떤지 적어보고 그 근거를 정리해보자. 나는 이런 책을 읽었고 이런 것을 배웠고 이런 결론에 도달했다 같은 생각 정리 활동이 필요하다. 이런 활동 하나하나가 나의 독서 역사가 될 것이며 생각이 만들어지는 과정이 될 것이다. 훌륭한 생각을 가진 독서가는 이렇게 만들어진다.

비판력을 높이는
두 가지 방법

!

공손추가 물었다.

"군자가 자식을 직접 가르치지 않는 이유는 무엇 때문입니까?"

맹자가 대답했다.

"현실적으로 그럴 수밖에 없기 때문이다. 가르치는 사람은 반드시 올바른 도리로 가르치려고 하는데 자식이 그 가르침을 따르지 않으면 성을 내게 되고 성을 내게 되면 자식의 마음만 해치게 된다. 그러면 자식은 가르치는 분은 나를 올바르게 가르치려고 하지만 그 행동은 올바르지 못하다고 생각하게 되어 부모와 자식이 서로 마음을 상하게 된다. 부모 자식이 마음을 상하는 것은 좋지 않다. 그래서 옛날부터 서로 자식을 바꾸어서 가르쳤다."

맹자는 자식을 가르치는 일이 쉽지 않음을 알고 있었던 모양이다. 부모가 직접 가르치기보다는 다른 사람에게 가르침을 받는 것이 더 좋다고 말한다. 그 이유는 자식이 가르침을 따르지 않을 때 성을 내게 되고 그 모습을 본 자식은 부모의 행동이 올바르지 못하다고 느껴 서로 마음이 상하게 되기 때문이다. 여기까지가 맹자의 생각이다.

맹자의 말이 이해가 가지 않는 것은 아니지만, 실제로 자식을 가르쳐본 경험에 기대어 생각해보면 부모가 자식을 가르치기 어려운 진짜 이유는 서로를 너무도 잘 알기 때문이다. 가르치는 사람과 배우는 사람 사이에는 약간의 거리감이 있는 것이 좋은데 부모와 자식은 너무 가깝기 때문에 거리감을 느끼기 어렵다. 게다가 아이들은 부모의 말과 행동을 늘 지켜보고 있기에 부모가 가르치는 것과 행동이 다를 때 반감이 생기기 쉽다. 수학이나 과학 같은 지식을 전달하는 공부라면 가능성이 있지만 윤리나 주장 등을 가르치는 인문 공부는 부모가 아이들에게 가르치기 무척 어렵다는 것이 나의 경험이다.

맹자의 생각에 현실적인 나의 경험을 덧붙여서 생각해보았다. 《맹자》를 읽고 맹자의 말만 이해하는 것이 아니라 그 주장이 현실적으로 적용 가능한지, 잘못된 부분은 없는지를 검토할 수 있어야 한다. 이때 필요한 것이 비판력이다. 텍스트를 읽고 비판하는 능력은 책을 읽는 사람들이 가져야 할 기본적인 태도임이 분명하다. 그런데 많은 독서가가 책을 비판 없이 받아들이고 그 내용에만 집착해서 이해하려 한다. 이래서는 텍스트를 이해할 수는 있겠지만 자기 생각을 만들고 세상을 통찰하는 능력을 얻기는 어렵다.

책을 읽으면서 비판력을 높이려면 어떤 자세가 필요할까? 먼저 필요한 것은 텍스트의 내용이 현실에서 실제로 적용되는지를 판단해보는 노력이다. 《맹자》를 읽고 나의 경험을 통해 텍스트를 재해석하다 보니 맹자와는 다른 생각을 할 기회를 얻었고, 나만의 생각이 만들어지는 경험을 할 수 있었다.

"진정한 안정은 존재의 정신적 상태를 의미하는 말이지 얼마의 돈을 가졌느냐 하는 것에 근거를 둔 말이 아니다."

- 어니 J. 젤린스키

창의성 전문가인 어니 J. 젤린스키는 진정한 안정은 정신적 상태를 의미한다고 지적한다. 그리고 돈을 많이 가진 것이 진정한 안정을 의미하지 않는다고 한다. 그의 말을 비판적으로 이해하려면 현실적인 사례를 찾아보는 것이 좋다. 우리 주변에서 돈이 없음에도 진정한 안정을 누리며 살아가는 사람을 찾아보는 것이다. 혹은 돈이 많은데도 정신적으로 안정을 누리지 못하는 사람을 찾아볼 수도 있다. 실제로 먹고살기 빠듯한 살림 속에서도 낙천적이고 여유로운 마음으로 살아가는 사람들을 어렵지 않게 볼 수 있다. 주위에서 찾을 수 없다면 마하트마 간디나 체 게바라 같은 사람들을 떠올려도 될 것이다.

이렇게 구체적인 사례를 찾아보면 텍스트의 내용이 사실인지 현실성이 있는지를 확인할 수 있다. 공부가 현실화되는 것이다. 그런 후에는 반대로 예외적인 상황을 생각해봐야 한다. 적용되지 않는 예를 찾아낸다면 텍스트를 비판적으로 읽어냈다고 할 수 있다.

어니 J. 젤린스키의 이야기로 돌아가 보자. 진정한 안정은 존재의 정신적 상태를 의미한다는 것에는 누구나 동의할 수 있을 듯하다. 그리고 돈이 많은데도 정신적 안정을 누리지 못하는 사람은 얼마든지 있으니 그의 말이 틀린 것이 아님을 현실적으로 확인할 수 있다. 그런데 돈이 많은 사람들이 정신적 안정을 누리는 경우가 그렇지 않은 경우보다 더 많지 않은가? 일반적으로 돈이 없으면 정신적 안정을 얻기 어렵고, 반대로 돈이 넉넉하면 정신적 안정을 얻기가 쉽다. 곳간에서 인심 난다고 먹을 것이 풍족해야 여유도 생기는 법이다. 그렇게 생각해보면 그의 주장이 반드시 옳다고만 할 수는 없을 것이다.

이런저런 생각을 하면서 텍스트의 내용과 현실적인 사례들을 비교하는 과정에서 자신만의 결론에 도달할 수 있다. 예를 들자면

'진정한 안정이란 돈이 많은 것이 아니라 정신의 상태를 말하는 것인데, 돈이 많으면 정신적인 안정을 얻기가 보다 수월할 수 있다'는 결론이 그것이다. 그렇다고 돈이 없으면 정신적 안정을 얻을 수 없다는 것은 아니며 돈이 도움을 줄 수 있다는 것이다. 이렇게 자기만의 결론을 내리고 그것을 텍스트 옆에 살짝 기록해둔다. 이러면 책을 읽고 현실적으로 적용되는 부분과 그렇지 못한 부분을 정리하면서 자신의 생각을 가다듬을 수 있음은 물론, 다음에 같은 텍스트를 읽었을 때 예전에 어떤 생각을 했는지도 알 수 있다.

그가 커다란 통을 하나 책상 위에 올려놓았다. 그리고 커다란 돌들을 가득 채웠다.

그리고 청중에게 질문했다.

"커다란 돌들이 통에 가득 찼습니까?"

청중이 그렇다고 대답했다.

그러자 그는 조그마한 조약돌을 커다란 돌 틈 사이로 부어 넣었다.

그리고 다시 다 찼는지를 청중에게 물었다. 청중은 이번에는 속지 않았다.

그는 다시 작은 조약돌 사이를 모래로 메워나갔고, 모래를 다 채운 다음에는 주전자로 물을 부어 통을 가득 채웠다.

그리고 청중을 보고 느낀 점을 말해보라고 했다. 머리가 빨리 돌아가는 청중 하나가 대답했다.

"틈은 늘 있기 때문에, 하려고 들면 인생 속에 더 많은 것들을 채워 넣을 수 있다는 것입니다."

그가 말했다.

"아니에요. 그게 핵심이 아닙니다. 만일 여러분이 통 속에 큰 돌을 먼저 집어넣지 않았다면, 이것들을 다 집어넣을 수 없었을 것입니다."

스티븐 코비의 책 《소중한 것을 먼저 하라》에 실려 있는 이야기다. 그의 주장은 분명하다. 우리의 인생은 시간으로 이루어져 있고 그 시간을 잘 활용하려면 자신의 비전과 사명에 비추어 중요한 일을 먼저 하는 습관을 가지라는 것이다. 그러면 생산성이 높아지는 것은 물론이고 마음의 안정도 얻을 수 있다. 이런 주장에 대한 근거로 제시되는 것이 큰 통에 큰 돌과 작은 돌, 모래, 물을 넣는 순서다. 먼저 큰 통에 작은 돌이나 모래를 넣고 큰 돌을 넣어본다. 당연히 통 속에 큰 돌과 작은 돌이 모두 들어가지 않는다. 이번에는 순서를 바꾸어서 큰 돌을 먼저 넣고 작은 돌, 모래, 물의 순서로 넣었더니 모두 넣을 수 있었다. 이렇듯 제한적인 시간을 잘 활용하려면 중요한 일을 먼저 한 후에 부차적인 일을 하는 습관을 가지라는 주장이다.

스티븐 코비의 소중한 것을 먼저 하라는 주장이 현실적으로 어떤 힘을 가질 수 있는지는 사례를 생각해보면 알 수 있다. 일상에 쫓겨서 이런저런 일을 하다 보면 정말 중요한 자기 미래, 비전과 관련된 일은 뒷전이 되어버리는 경우가 흔하다. 대부분의 직장인이 이렇게 살아가고 있고 이것이 현실이다. 하지만 현실적으로 그러지 않기가 쉽지 않은 것 또한 사실이다. 소중한 일을 먼저 하고 싶어도 주어진 일을 하지 않을 수 없다. 조직의 목표와 개인의 목표가 일치하는 경우라면 조직에 중요한 일이 나에게도 중요한 일이겠지만, 그렇지 않은 경우라면 문제가 생긴다. 이런 상황에서 자기에게 중요한 일을 먼저 하면 조직에 피해가 갈 것이고 직장생활을 오래하기 어려울 수도 있다.

그리고 사람들 중에는 중요한 일이 아니라 부차적이고 사소한 일을 먼저 해치워야 마음이 편한 사람도 있다. 사소한 일을 빨리 처리한 후에 중요한 일을 하면 집중력도 생기고 오랫동안 중요한 일을 할 수 있어서 생산성도 높아질 수 있다. 사람의 성격이나 업무처리 방식에 따라 중요한 일과 사소한 일의 순서는 바뀔 수 있다. 정리하자면, 중요한 일을 먼저 하느냐 부차적인 일을 먼저 하느냐는 성향에 따라 달라질 수 있다는 것이다. 스티븐 코비의 주장은 소중한 인생을 낭비하지 말고 자신의 비전과 사명을 발견하고 그에 집중할 필요가 있다는 것으로, 이것은 일상에 젖어서 사는 우리에게 큰 공명이 된다.

사실 큰 돌과 작은 돌 이야기는 소중한 것을 먼저 하라는 메시지의 근거로는 적합하지 않은 면이 있다. 왜냐하면 큰 돌과 작은 돌을 통에 넣을 때는 큰 돌을 먼저 넣고 그 사이에 작은 돌을 넣는 것이 효과적인 방법이지만 큰 그릇과 작은 그릇을 엎어놓을 때는 작은 그릇을 아래에 놓아야 하기 때문이다. 설거지를 한 후 좁은 공간에 그릇을 모두 넣어두려면 작은 그릇을 아래에 두고 큰 그릇을 덮어야 한다.

비판력을 높이는 두 가지 방법은 텍스트의 내용이 구체적인 생활에서 적용될 수 있는지 사례를 찾아보는 것이 첫 번째이고, 적용될 수 없는 부분은 어딘지를 찾아보는 것이 두 번째 방법이다.

비판적 읽기의 비결 :

1. 사람의 생각은 다른 사람의 생각에 의해서 만들어진다. 다른 사람의 생각대로 살지 않도록 비판력을 길러야 한다.

2. 자신의 관점과 전체의 관점에서 모두 생각할 수 있도록 연습한다. 공동체의 관점에서 생각할 수 있는 사람이 리더가 된다.

3. 계보학적인 방법으로 지식과 주장이 만들어진 이유와 배경을 살펴보고 이면에 숨겨진 권력작용을 파악한다.

4. 논리적인 사람은 보통 사람들과 다른 창의적 생각을 설득력 있게 제시할 수 있는 사람이다. 자신의 주장을 가지고 명확한 근거를 제시하도록 연습한다

5. 지식이 현실적으로 적용 가능한지 구체적인 예시를 통해 명확히 확인한다.

· 5장 ·

나만의 표현으로 정리하라

미래 세대가 갖추어야 할
세 가지 능력

볼거리와 읽을거리가 넘쳐나는 시대다. 스마트폰의 보급은 언제 어디서든 쉽게 보고 읽을 수 있는 시대를 열었다. 사람들은 지하철, 버스, 카페 심지어 길을 가면서도 자신의 손바닥을 들여다본다. 이런 시대에 책을 보는 것은 어떤 의미가 있을까? 스마트폰이나 인터넷에서 쉽게 필요한 자료를 찾고 이미지와 음악을 다운받을 수 있는 시대에 독서는 우리에게 무엇을 해줄 수 있을까?

일단 스마트폰이나 인터넷의 역할과 책의 역할이 다르다는 점을 이해해야 할 듯하다. 스마트폰은 효율성을 높이기 위한 것이지 깊이 있는 공부를 하기 위한 수단이라고 보기는 어렵다. 친구들과 연락하고 뉴스를 통해 정보를 얻는 정도가 현재 우리가 스마트폰을 이용하는 방법이다. 가끔 궁금한 것을 검색해서 알아보기는 하지만 정보 이상의 것을 얻는 공부가 되려면 검색 이상의 활동이 필요하다.

그런 점에서 스마트폰은 독서 활동과 확실히 구분된다. 정보의 검색과 공부는 다르다. 인터넷에서 정보를 찾아내는 활동도 공부라고 할 수 있을지 모르겠지만 그것은 어디까지나 궁금한 것을 일시적으로 충족시켜주는 활동일 뿐 사고력을 높여주거나 비판력을 키워주기는 어렵다. 그래서 독서는 여전히 유효하며 앞으로도 그럴 것이라고 믿는다.

게다가 스마트폰의 사용은 '나는 누구인가', '나는 제대로 살고 있는가?'라는 보다 중요한 문제에 대한 질문을 차단한다는 점에서 문제가 있다. 대중이 관심을 가질 만한 자극적인 내용에만 노출됨으로써 보다 근본적인 존재에 대한 질문들을 던질 기회를 잃어버리는 것이다. '나는 제대로 살고 있는가?', '어떻게 살아야 하는가?'와 같은 질문들은 우리에게 보다 근본적인 생각을 하도록 하고 눈앞에 보이는 현실을 넘어 삶의 가치와 방향 같은 중요한 문제에 접근하게 한다. 한마디로 깊은 생각과 관련된 질문이다.

'조지 오웰의 《동물농장》에서 작가가 말하고자 한 것은 무엇이고, 작가는 왜 돼지들을 주인공으로 했으며, 왜 그들을 비판했는가?'

불행인지 다행인지 요즘 인문학적 사고와 표현력이 사람을 평가하는 중요한 요소로 떠오르고 있다. 단순한 이해를 넘어 사고력과 표현력을 알아보는 심층면접이 강화되는 이유도 이 때문이다. 앞의 질문은 어느 사립고등학교의 입학면접 때 나온 것이다.

이런 질문은 《동물농장》을 읽었다는 것만으로는 대답하기 어렵다. 조지 오웰의 《동물농장》은 당시 소련의 스탈린 정권이 트로츠키를 내쫓고 독재화되는 과정을 그린 작품으로 돼지들이 혁명을 주도한 후 스스로 권력을 강화하는 과정을 우화를 통해 그려냈다. 이 질문에 대답하려면 먼저 조지 오웰이 어떤 상황을 풍자한 것인지를 알아야 한다.

두 번째 질문은 돼지가 가진 일반적인 이미지와 관련이 있다. 작품 속에서 권력을 차지하는 존재는 힘센 소나 말이 아니라 놀고먹는 돼지다. 먹기만 하는 존재, 탐욕스럽고 우둔한 돼지가 소나 말, 닭이 열심히 일한 대가를 착취하고 있음을 드러내기 위해 의도적으로 돼지를 지배층으로 만들었던 것이다. 작품에서 돼지는 다른 동물들보다 생각하는 능력이 뛰어난 것으로 표현된다. 이른바 식자층이다. 이런 식자층이 언론을 통제하고 세력을 규합하여 지배권을 강화한다. 지식이 권력이 될 수 있다는 사실을 여실히 보여준다.

돼지들에게도 능력이 있는데 왜 작가는 돼지들을 비판하는가에 대한 대답은 '지식을 자신의 권력을 강화하는 수단으로 사용했을 뿐 세상을 이롭게 만드는 데 활용하지 않았기 때문이다'로 정리될 수 있다. 물론 이런 대답은《동물농장》을 몇 번 읽었다고 해서 할 수 있는 것이 아니다. 읽는 과정에서 질문을 던지고 생각하고 정리하는 시간을 가져야 한다. 그 과정에서 필요한 정보를 찾아서 살펴보고 다른 사람의 이야기를 들어보는 노력도 필요하다. 그리고 무엇보다 읽은 후에 내용을 정리해보고 자기만의 언어로 다시 이야기할 수 있도록 연습도 해야 한다.

이 질문은 우리 사회가 원하는 능력이 어떤 것인지를 잘 보여주고 있다.

우리 사회는 사고력과 표현력을 점점 더 요구하고 있다. 넘쳐나는 정보를 가려내고 갈래를 잡고, 그 뒤에 숨겨진 본질을 찾아내고, 자신이 발견한 것을 매력적으로 전달하는 능력을 요구하는 것이다. 이런 상황에서 독서를 통해 우리가 배워야 할 것은 무엇일까?

첫 번째는 단순한 정보의 습득과 즐기는 차원을 넘어 원리를 이해해야 한다는 것이다. 이른바 사고력의 향상이다. 몇 해 전부터 인문고전에 대한 인기가 높아지고 있다. 인문고전이 유행하는 이유는 단순한 현상을 보는 시각을 넘어 세상과 인간에 대한 보다 근본적인 이해력을 높여야 한다는 시대적 필요성 때문이다. 현대인들이 직면한 문제는 과거처럼 단순하지 않다. 수많은 문제가 서로

얽혀 있고 정보들이 빠르게 변하고 있다. 이런 이면에 숨겨진 본질들을 찾아내려면 인식의 수준이 높아져야만 한다.

게다가 우리가 직면한 문제들은 경제적 어려움이나 지식의 부족이 아니라 상대적 차별, 관계의 단절, 수용력의 부족 같은 문화와 정신의 문제가 함께 걸려 있다. 이런 상황은 경제적 성장이 낳은 과학기술 만능주의에 기인한 것이기도 하지만 우리 스스로 인간을 이해하고 보다 나은 세상을 만들기 위한 노력이 부족하기 때문이기도 하다. 경제가 성장하고 기술이 발전하는 만큼 이해력, 판단력, 수용력 같은 인문학적 능력도 향상돼야 한다. 이런 능력을 키우는 방법은 세상을 이해하고 삶의 본질을 탐구하려는 노력밖에 없다.

이런 공부의 바탕이 되는 것이 의미를 발견하려는 노력이다. 문장과 이야기에서 의미를 발견하는 훈련이야말로 짧은 글의 가치를 발견하게 하고 세상을 이해할 힘을 얻게 하는 기본적인 독서법이기 때문이다. 의미를 발견하는 능력이 있다면 어떤 상황에서도 배울 수 있고 핵심을 발견하여 문제를 해결해낼 수 있다.

세상과 삶의 원리를 이해하는 독서가 되기 위해서는 의미를 발견하는 활동과 함께 이루어져야 하는 또 다른 활동이 있다. 바로 비판 활동이다. 우리가 읽는 책들은 많은 정보로 이루어져 있다. 하나의 문장은 정보이고 문단도 정보다. 이런 정보들이 모이면 흐름이 생기고 주장이 되고 원리가 된다. 이때 문장을 읽는 사람은 자신이 읽고 있는 정보들이 논리적으로 타당한지를 판단할 수 있어야 한다. 그 훈련을 하는 것이 비판 활동이며 이를 통해 올바른 정보와 그렇지 않은 정보를 가려낼 수 있다.

이 과정은 정보가 진실인지를 가려내는 것에 머무르지 않고 확인된 진실들이 우리 사회와 생활에 어떻게 적용될 수 있는지를 찾아내게 한다. 그래서 멈추지 않아야 하는 것이 지식의 구체적인 사례를 발견해서 현실에 적용할 수 있는지를 확인하는 노력이다. 공부가 현실에 도움을 주려면 이론과 현실이 연결되어야 한다.

마지막으로 중요한 것이 표현력이다. 책을 많이 읽어 아는 것은 많은데 이것을 드러내는 데 어려움을 겪는 경우가 많다. 이런 현상이 생기는 것은 책을 읽은 후에 정리하고 표현하는 활동을 하지 않았기 때문이다. 읽은 후 공부한 것을 정리하고 자신만의 방식으로 표현하는 훈련을 해야 한다. 이 과정에서 정리력과 표현력이 좋아진다.

우리 교육체계는 얼마나 잘 이해했느냐를 평가하는 것으로 끝이 난다. 평가체계는 공부 방법을 결정하는 요소다. 아이들은 시험을 잘 치르기 위해 공부할 뿐 자기 생각을 만들거나 다른 사람에게 설명하는 능력을 키우기 위해 배우지 않는다. 그 결과 머릿속에 집어넣은 정보와 지식은 많은데 표현력은 부족한 불균형 현상이 생긴다. 이런 불균형의 문제는 표현력 부족으로 끝나지 않고 공부에 재미를 못 느끼게 하고 계속하고자 하는 욕구마저 떨어뜨린다. 그 결과 책을 읽어봤자 소용없다는 생각으로 독서와 먼 사람이 되고 만다.

기본적으로 독서는 문장을 읽고 이해하고 전체적인 흐름을 파악하면서 작가가 말하고자 하는 바를 알아가는 과정이다. 그런 후에 자기만의 언어로 내용을 정리해보고 그 과정에서 생기는 의문들을 이런저런 생각을 통해 해결해가면서 작품에 대한 이해도가 높아진다. 이때 자신이 이해한 내용을 다른 사람에게 전달할 수 있게 연결하여 말하는 연습을 하는 것도 중요하다.

지금 우리 시대는 인재들에게 논리적 사고력과 비판력, 매력적인 표현력이라는 세 가지 능력을 요구하고 있다. 독서 활동은 이런 능력들을 키울 수 있는 중요한 과정이며 이를 통해 보다 나은 사람으로 성장할 수 있다. 어떤 공부를 하든 이 세 가지 능력을 키울 수 있도록 방법들을 찾고 훈련해나가는 것이 중요하다.

목적은 가슴에 품고
텍스트는 눈에 담는다

"행복을 추구하는 것은 행복을 방해한다."

- 빅터 프랭클

행복을 추구하면 행복은 달아난다. 행복을 의식하면서 살게 되면 주어진 활동에 몰입할 수 없게 되고 그 결과 행복도 사라지기 때문이다. 열심히 일하던 직장인도 자신이 행복한가를 묻다 보면 행복과 멀어질 수 있다. 행복하기 위해 필요한 돈, 명예, 승진 같은 것들을 떠올리게 되면 다른 사람과 비교하게 될 것이고 지금의 자신에게 불만을 가지게 된다. 설거지를 하고 집 안을 청소하던 주부가 행복하기 위해서 필요한 것이 무엇인지를 생각하게 되면 소소한 집안일에 애정과 노력을 쏟지 못할 것이다.

빅터 프랭클은 행복을 추구하려는 노력이 오히려 행복을 저해한다고 말한다. 행복을 얻으려는 노력이 행복과 멀어지게 할 수 있음을 지적한 것이다. 그렇다고 하던 일이나 계속하라는 말은 아니다. 어차피 해야 하는 어쩔 수 없는 상황에서도 삶의 의미와 가치, 몰입이 주는 행복은 발견될 수 있다는 말이다.

독서도 다를 것이 없다. 책을 읽으면서 '무엇을 얻을 것인가?', '이 책을 읽으면 어떤 일이 생길까?'만 생각하면 독서에 방해가 된다. 독서는 현재에 집중하는 활동이며 지금에 대답하는 활동이다. 책 읽기가 재미없는 사람이 오랫동안 책을 읽기는 어렵다. 오랫동안 읽어가려면 읽는 동안 재미를 느끼고 읽은 후 의미를 발견할 수 있어야 한다. 그러자면 읽을 때는 읽는 것 자체에만 집중해야지 이걸로 돈을 벌 수 있을까, 내 인생에 도움이 될까를 생각해서는 안 된다. 그런 생각들은 머리를 어지럽혀 온전한 독서 활동을 방해한다.

공부의 목적이 필요 없다는 말이 아니다. 공부에 목적을 가지는 것은 필요하고도 중요한 일이다. 자기만의 목적은 가슴에 품고 살아가되 '이것이 돈이 될지', '결과가 현실에 도움을 줄지' 등에 대해 지나치게 민감해져서는 안 된다는 말이다. 회사에 다니는 사람이 '이번 달에는 월급이 나올까' 하는 생각만 한다면 일에 집중하기 어려운 것과 같다.

송나라 때 법연선사 밑에 세 명의 제자가 있었다.

한번은 법연선사가 세 제자와 함께 밤길을 갔다가 돌아오는 길에 바람이 세차게 불어 들고 있던 등불이 꺼지고 말았다. 등불이 꺼지자 온 세상이 캄캄해져서 앞뒤를 분간할 수조차 없게 되었다. 그러자 법연스님이 세 제자에게 물었다.

"그대들은 어떻게 해야 하겠는가?"

첫 번째 제자가 대답했다.

"채색 바람이 붉게 물든 노을에 춤춘다."

두 번째 제자가 대답했다.

"쇠 뱀이 옛길을 건너가네."

마지막 제자가 대답했다.

"발밑을 살펴라."

이 이야기에서 조고각하(照顧脚下)라는 말이 나왔다. 절에 가보면 스님들이 수도하는 방 앞에 조고각하라고 쓰여 있는 현판을 자주 보게 된다. 멀리 보지 말고 현재 자기 발밑을 잘 살피라는 뜻이다. 지금 여기서 깨어 있는 삶을 추구하는 수도승들의 노력이 담긴 말이다.

앞이 보이지 않는 어두운 밤길을 가는데 멀리 보는 것은 소용이 없다. 보이지도 않는 먼 데를 보는 것이 무슨 소용이 있겠는가. 지금 눈앞에 있는 발밑만 조심해서 살피고 나아갈 뿐이다. 이 길로 가면 제대로 갈 수 있을까를 생각할 필요 없이 발밑을 보며 조심해서 가다 보면 넘어지지 않고 무사히 길을 갈 수 있다.

조고각하는 여기, 현재에 집중하며 살아가라는 선(禪)불교의 방향성이 담긴 말이다. 수도하는 스님들이 자기 신발을 어디에 어떻게 벗어놓았는지도 모르고 공부한다고 앉아 있는 것은 주객이 바뀐 것이나 다름없다. 공부란 여기 현재에 집중해서 온전히 깨어 있는 삶을 위한 수단에 불과하기 때문이다. 그래서 수도하는 스님들은 신발을 벗을 때도 천천히 가지런하게 벗어놓고, 마당을 쓸 때도 차근차근 제대로 하기 위해 애를 쓴다. 사용한 연장들도 늘 제자리에 반듯하게 놓아둔다.

책을 읽는 사람이 내용에 집중하지 못한 채 읽은 것이 인생에 도움이 될지 안 될지를 생각하고 있다면 문장이 제대로 눈에 들어올 리 없다. 일을 하는 사람이 이것이 내 경력에 도움이 될까만 생각한다면 일에 집중할 수 없는 게 당연하다. 공부를 하는 사람은 지금 눈에 보이는 단어, 문장 하나에 몰입하려는 노력이 우선이다. 이런 노력이 반복되어 글을 통해 의미를 발견하고 현재를 개선할 방법을 깨달았을 때 공부의 가능성이 열린다. 미리 갈 길부터 찾을 것이 아니라 현재 주어진 것에 최선을 다해 공부에 집중해야 한다.

그럼 현재에 집중하는 독서는 어떻게 해야 할까?

먼저 '이게 도움이 될까?', '이거 읽어서 뭐하나' 하는 생각을 내려놓아야 한다. 인생을 멀리 바라볼 수 있어야 한다고 하지만 그것도 현재에 집중하지 못하면 아무런 소용이 없다. 책을 읽고 공부를 하는 사람은 책에 집중하는 것이 먼저이지 그것으로 먹고살 길을 찾는 것이 우선이어서는 곤란하다. 남의 떡이 커 보인다고 내가 읽는 책보다 다른 사람의 책이 더 좋아 보이는 경우도 있다. 그러다 보면 정작 자신의 책에 집중하지 못하고 다른 사람의 공부만 따라 하게 된다. 그러다 이것도 아니고 저것도 아닌 어정쩡한 결과에 도달할 수 있다.

두 번째는 읽는 순간만큼은 그것에만 집중하는 것이다. 단어 하나 문장 하나에 집중할 때 제대로 이해할 수 있고 의미도 발견할 수 있다. 그럴 때 보이지 않던 글이 발견되고 생각하지 못했던 내용도 떠오르면서 다양한 의미를 얻을 수 있다. 이런 과정에서 독서에 재미가 발견되고, 재미가 생기면 읽는 것에 적극적인 태도를 취하게 될 것이다.

한번은 정신없이 바삐 돌아가는 식당에 간 적이 있다. 크지 않은 식당에 스무 명 정도의 손님이 앉아 있었다. 일하는 사람은 둘뿐이었다. 남편과 아내로 보이는 두 사람은 주문을 받고 음식을 나르고 계산을 하느라 정신이 없어 보였다. 이리저리 불려 다니느라 비지땀을 흘렸다. 내가 식사를 마칠 때쯤에야 여유가 생긴 두 사람의 얼굴에서 웃음기를 볼 수 있었다.

계산을 하면서 물었다.

"장사가 잘돼서 좋으시겠어요?"

사람 좋아 보이는 주인이 웃으며 대답했다.

"손님이 많을 때는 정신이 없어서 좋은 줄도 몰라요. 좋다는 생각도 일이 끝나야 겨우 할 수 있습니다."

일상이 바쁘고 정신없이 돌아가는 경우 그것에 집중하고 있기 때문에 자신이 행복한지, 일이 즐거운지 생각할 겨를이 없다. 행복이나 만족감은 이런 집중과 몰입으로 열정을 쏟은 후에 돌아오는 결과이지 그것 자체가 목적일 수는 없다. 책을 읽을 때 그 자체에 집중하다 보면 끝난 후 뿌듯함과 보람을 느낄 수 있다. 책 자체가 목적이 되었기 때문이다.

빅터 프랭클은 인생에게 삶의 의미를 물어서는 안 된다고 말한다. 그보다 인생이 우리에게 던지는 질문에 대답하는 것이 중요하기 때문이다. 그 질문이란 내 인생에서, 지금 이 순간, 이 일이 가진 가치는 무엇이냐는 것이다. 이런 의문에 대답하는 방법은 하나뿐이다. 바로 그 순간 그것에 전력을 기울이는 것이다. 주어진 현실에 최선을 다하고 순간에 충실할 때 그 질문에 대답할 수 있다. 이때 우리는 내가 행복한가를 고민하거나 내 삶에 어떤 가치가 있는

지를 생각할 여유가 없다. 그것에 깊이 빠져 있기 때문이다. 독서는
오직 그것 자체에 빠져드는 것이 최고의 방법이다.

할머니도 이해할 수 있게
설명해보라

!

"당신이 어떤 것을 할머니에게 설명해주지 못한다면, 그것은 진정
으로 이해한 것이 아니다."

- 아인슈타인

박사학위 논문들이 읽기 어려운 이유는 뭘까? 여러 가지 이유가
있겠지만 가장 대표적인 이유는 다른 논문들의 문장을 그대로 가
져와서 사용하기 때문이다. 권위 있는 사람의 논문을 활용하다 보
니 그 사람의 단어와 어휘를 사용할 수밖에 없고 자연히 표현이
어려워진다. 그 분야에서 오랫동안 공부한 사람들이 사용하는 단
어와 개념으로 글을 전개하니 일반인이 이해하기에 어려운 것은

당연한 일이다. 좋은 논문이라면 평범한 사람들도 이해할 수 있을 정도로 쉽게 설명되어야 한다. 아인슈타인의 말처럼 할머니에게 설명해주지 못한다면 제대로 이해한 것이 아닐 가능성이 크다.

제대로 알지 못하면 설명이 어려워진다. 이런저런 개념과 문장을 끌고 와서 주저리주저리 설명하지만, 듣는 사람의 귀에 쏙 들어오는 내용은 없다. 완전히 이해되지 않았기 때문이다. 쉽게 설명하지 못한다는 것은 자신조차도 설득되지 않았다는 증거다. 진리는 쉽고 단순하다는 말은 이런 뜻이다.

그럼 어떻게 해야 쉽게 설명해낼 수 있을까? 먼저 개념 정리가 되어 있어야 한다. 그리고 그것에 대한 구체적인 사례를 들어서 설명해야 한다. 이때 개념의 정리와 사례는 자기만의 어휘로 구성되어야 한다.

학문의 시작은 개념을 이해하는 것이다. 하나의 개념이 다른 개념과 연결되어 새로운 개념이 만들어지기 때문에 개념을 정확히 이해하는 것은 공부에서 무척 중요하다. 책을 읽고 공부를 하다 보면 대부분의 개념이 사전적 의미로 정의되어 있기 때문에 이해를 한다고 해도 머릿속에서 정리가 되거나 다른 사람에게 설명할 수 있을 정도로 정립되지 않는 경우가 많다. 그래서 개념을 이해한 후에는 일상에서 사용하는 용어들로 자기만의 개념 정립을 다시 해 봐야 한다. 그러면서 생활 속 예를 찾아 할머니나 아이들도 이해할 수 있을 정도로 쉽게 설명할 수 있다면 제대로 공부했다고 할 수 있다.

심리학에 인지부조화라는 개념이 있다. 이를 사전에서 찾아보면 '두 가지 이상의 반대되는 믿음, 생각, 가치를 동시에 지닐 때 또는 기존에 가지고 있던 것과 반대되는 새로운 정보를 접했을 때 개인이 받는 정신적 스트레스나 불편한 경험'이라고 정의되어 있다. 사전의 개념을 여러 번 읽어봐도 구체적으로 무엇을 말하는지 이해하기 어렵다. 이럴 때 여러 개의 사전이나 자료들을 취합해서 공부해보면 개념에 대한 이해도가 높아진다. '자신의 생각과 상반되는 정보를 알게 되었을 때 느끼게 되는 불편한 마음' 혹은 '자신의 믿음과 행동이 다를 때 느끼는 불편함' 정도로 이해할 수 있다.

그런 후에는 어떤 경우를 말하는 것인지 구체적인 예를 찾아봐야 한다. 인지부조화의 대표적인 경우는 매일 술을 마시는 사람의 예다. 술을 마시는 사람은 술이 건강에 좋지 않다는 것을 알고 있다. 그런데도 매일 술을 마신다. 평소에는 별다른 생각을 하지 않지만 가끔 건강 프로그램에서 '매일 술을 마시면 간경화, 간암 등의 발병률이 높아진다'는 정보를 접하는 순간 자신이 매일 술을 마신다는 것과 술은 몸에 좋지 않다는 정보가 충돌을 일으켜 마음이 불편해진다. 이런 상태가 인지부조화의 순간이라고 할 수 있다.

인지부조화를 할머니에게 설명할 수 있을 만큼 쉬운 표현으로 바꾸어보자. 할머니를 이해시키려면 사전적인 단어나 개념을 그대로 사용해서는 안 된다. 생활에서 사용하는 단어로 자기만의 방식으로 표현해야 한다. 가장 좋은 방법은 흔한 예를 들어서 설명하는 것이다. "훌륭한 사람이라고 생각해서 할머니가 선거에서 표를 줬는데, 알고 보니 그 사람은 뇌물을 많이 받은 나쁜 사람이었어. 그때 할머니 기분이 어떨 것 같아? 이런 경우를 인지부조화라고 하는 거야." 혹은 손자가 공부를 잘한다고 믿고 있었는데 공부하고는 담을 쌓은 아이라는 것을 알게 되었을 때의 느낌이라고 설명할 수도 있을 것이다.

연습을 위해 심리학 개념 하나를 더 살펴보자. 낙인효과라는 말이 있다. 백과사전에서는 낙인효과를 '사회제도나 규범을 근거로 특정인을 일탈자로 인식하기 시작하면 그 사람은 결국 범죄인이 되고 만다는 낙인 이론에서 유래한 용어'라고 설명한다. 이런 정의를 자기 것으로 만들려면 평소에 사용하는 표현들로 재정의를 해야 한다. 사전 속 의미를 현실적 의미로 바꾸는 작업은 공부의 활용성을 높여주는 중요한 일이다. 이런 작업이 없다면 공부한 것이 일상의 대화나 업무에 활용되기 어렵다. 낙인효과를 일상적인 표현으로 바꾸면 '그렇게 말하면 그런 사람이 되어버린다'는 정도가 될 수 있다.

직장생활을 하다 보면 주변 사람들로부터 '저 사람은 어떠어떠한 사람이다'라는 식의 이야기를 듣는 일이 흔하다. "저 친구는 사람은 좋은데 추진력이 없어", "김 대리는 다른 사람 의견을 무시하는 경향이 있어" 같은 말들이다. 이 말을 들은 주변 사람들은 점차 그 사람의 행동 중에서 그와 관련된 부분을 발견하게 되고, 누군가의 단순한 의견이었던 그 말이 '정말 그렇구나' 하고 확신으로 바뀐다. 주변 사람들이 그에게 낙인을 찍어버린 것이다.

한번 찍힌 낙인은 벗어던지기 어렵다. 한번 추진력이 없다고 낙인찍히면 의욕적으로 추진하는 모습을 보여줘도 사람들의 인식을 바꾸지 못한다. 이런 일이 반복되다 보면 '해도 소용없다'는 좌절감이 쌓이게 되고, 그 결과 '나는 추진력이 없다'고 스스로 결론을 내버린다. 사회적 낙인이 한 사람의 삶을 가두고 실제로 그렇게 만들어버린다.

이런 경향은 기업의 경우에도 쉽게 볼 수 있다. 한번 고객의 신뢰를 잃어버린 기업은 회복하기 어렵다. 오너가 직원이나 거래처에 일명 갑질을 하는 바람에 사회적으로 신뢰를 잃은 기업에 대해서는 고객들이 등을 돌리게 된다. 이미 갑질기업으로 낙인찍혔기에 어떤 행동을 해도 좋게 보이지 않는다. 오너가 사과성명을 내고 고개를 숙여도 악어의 눈물로만 보일 뿐이다.

이번에는 《논어》의 문장을 할머니도 이해할 수 있도록 설명해보자.

자신이 올바르면 백성들은 명령을 내리지 않아도 따르고,

자신이 올바르지 않으면 명령을 내려도 따르지 않는다.

－《논어》

가장 쉬운 설명은 주변에서 흔히 볼 수 있는 예를 드는 것임을 기억하면서 이 문장과 관련이 있는 이야기를 생각해보면 좋다. 이때 가장 쉬운 예는 주변에 있는 인물을 통해서 설명하는 것이 될 듯하다. 주변 인물들 중에서 품성이 훌륭하고 행동도 반듯해서 친근감과 존경심을 동시에 느끼게 해주는 사람을 찾아낸다. 반대로 품행이 올바르지 못하고 이기적인 성향을 가진 사람도 떠올려보자. 일반적으로 품성이 훌륭한 사람은 다른 사람들이 좋아하고 존경하기 때문에 그를 따르는 경우가 많다. 품행이 올바르지 못한 사람은 명령을 내려도 따르지 않거나 따른다고 해도 그런 척만 할 뿐 마음속으로는 멀리한다. 이렇게 주변 인물이나 역사적 인물의 예를 들어서 설명한다면 할머니라고 해도 이해할 수 있을 것이다.

맥락을
놓치지 말라

견림불견수(見林不見樹). 나무를 보지 말고 숲을 보라. 독서에서도 이 말은 중요하다. 숲을 보라는 말은 책의 전체적인 내용을 파악하고 저자가 말하고자 하는 핵심을 이해하는 것을 말한다. 반면 나무를 보는 것은 제시된 개념이나 문장의 뜻을 이해하는 것이다. 나무를 보는 것은 읽는 순간 몰입을 경험하게 해주기 때문에 중요하다. 하지만 그것만으로는 부족하다. 책의 전체적인 내용을 파악하는 것이 더 중요하기 때문이다. 그럼 어떻게 해야 나무를 보면서도 숲을 놓치지 않을 수 있을까? 그것은 책의 맥락을 발견하고 그 맥락을 놓치지 않는 것이다.

《데미안》은 다음과 같은 문장으로 시작된다.

"내 속에서 솟아 나오려는 것, 바로 그것을 나는 살아보려 했다. 왜 그것이 그토록 어려웠을까."

작가가 이야기를 시작하기 전에 이 문장을 사용했다는 것은 그만큼 이 문장이 책 전체를 잘 대변해주기 때문일 것이다. 이런 생각으로 문장의 의미를 살펴보면 《데미안》이라는 책이 자기 삶을 살려고 했던 한 인간의 이야기라는 사실을 알 수 있다. 그리고 그 과정이 무척이나 힘들었다는 것도.

헤르만 헤세는 친절하게도 책의 취지와 기본적인 내용을 미리 정리해주고 있다. 이렇게 서문이나 시작되는 글에서 책의 전반적인 내용을 안내해주는 글들을 만나면 이것이 책의 큰 주제임을 생각하면서 읽어나가야 한다. '내 속에서 솟아 나오려는 것'이 무엇이었을까? 이런 생각으로 다음 내용을 읽어가야 하고 책을 다 읽을 때까지 잊어버려서는 안 된다. 주제의식을 가지고 책을 읽어가다 보면 내 속에서 솟아 나오려는 것에 대한 이야기를 만나게 될 것이고, '작가가 이것을 말하고자 했구나' 하는 것을 느낄 수 있다.

이처럼 전체적인 맥락을 가지고 읽어나가면 책의 큰 흐름과 내용을 알 수 있어서 의미를 찾고 내용을 정리하는 데 매우 효과적이다. 특히 소설 같은 문학작품들은 긴 이야기로 이루어져 있기 때문에 책을 다 읽은 후에도 어떤 내용인지 한 문장으로 정리하기가 쉽지 않다. 이때 전체 맥락을 생각하면서 읽으면 핵심 질문과 책에서 말하는 의미를 발견할 수 있다는 점에서 좋다.

맥락은 이야기를 관통하는 핵심을 말한다. 맥락을 놓치지 않는다는 것은 작가가 말하고자 하는 의미를 제대로 파악하고 있다는 것을 의미한다. 그리고 맥락을 놓치지 않으려면 책을 관통하는 주제의식이나 키워드를 붙들고 있는 것이 좋다.

주제의식을 발견하는 가장 좋은 방법은 서문을 살펴보는 것이다. 서문에는 저자가 책을 쓴 이유와 배경이 담겨 있다. 친절한 작가들은 책의 핵심 내용을 서문에서 정리해주기도 한다. 서문을 읽고 이 책에서 말하고자 하는 주제가 무엇인지 알아본 후 그것을 한 문장 혹은 하나의 키워드로 정리해두는 이유가 이 때문이다. 그 후에는 주제가 담긴 문장과 키워드를 가지고 책을 읽어나가기만 하면 된다. 주제를 나타내는 문장을 책의 첫 페이지에 기록해두는 것도 좋은 방법이다.

《데미안》의 경우라면 '내 안에서 솟아 나오려는 것'이라는 문장이 될 수 있다. 이렇게 책의 첫 페이지에 맥락을 이끌어가는 문장을 기록해두고 읽으면, 그것이 무엇인지를 생각하면서 읽을 수 있다. 중심을 잃지 않고 책을 읽게 되는 것이다. 그래서 서문을 통해 책의 맥락을 관통하는 주제를 발견하는 것이 중요하다.

헤르만 헤세는 《데미안》의 서문 역할을 하는 글에 이렇게 썼다.

"한 사람 한 사람의 삶은 자기 자신에게로 이르는 길이다. 길의 추구, 오솔길의 암시다. 일찍이 그 어떤 사람도 완전히 자기 자신이 되어본 적은 없었다. 그럼에도 누구나 자기 자신이 되려고 노력한다. (…) 모두가 인간이 되라고 기원하며 자연이 던진 돌인 것이다."

자신을 끊임없이 무언가를 찾는 구도자로 소개하면서 한 사람의 삶은 진정한 자기를 향해서 나아가는 과정이라고 설명한다. 이 글은 《데미안》의 전체를 관통하는 핵심적인 맥락을 제공한다. 앞으로 전개될 이야기가 온전히 자기 자신이 되기 위한 삶의 기록들이 될 것임을 암시한다.

첫 장은 '두 세계'에 관한 이야기를 다룬다. 한 세계는 아버지의 집이다. 이 세계는 부모님이 만든 세계이고 사랑과 엄격함, 모범과 학교가 존재하는 곳이며 밝고 부드럽고 다정한 곳이다. 또 하나의 세계는 술 취한 사람들과 악쓰는 여자들, 살인과 방화가 일어나는 무시무시한 곳이다. 두 세계의 경계는 맞닿아 있으며 한순간이면 이 세계에서 저 세계로 옮겨갈 수 있다. 주인공 싱클레어는 열 살이 갓 지나면서 두 세계를 느낀다. 선하고 안전한 집에서 두려우면서도 매혹적인 바깥세상 혹은 악이 만연한 곳으로 나갈 준비를 해야 하는 시기였던 것이다.

두 번째 장은 '카인'에 대한 이야기다. 여기서 싱클레어는 자신의 삶에 지각변동을 일으키는 인물 막스 데미안을 만난다. 그리고 카인과 아벨에 대한 데미안의 새로운 해석을 듣고 충격에 빠져든다. 데미안은 여느 아이들과 달리 어른 같고 존경스러운 면이 있었다. 자신도 모르게 데미안의 매력에 끌려든 싱클레어는 데미안 덕분에 자신을 괴롭히던 프란츠 크로머로부터 벗어나게 된다. 카인은 데미안의 다른 모습인지도 모른다.

여기까지 읽다 보면 주제의식이나 맥락을 잃어버리기 쉽다. 맥락을 놓치는 이유는 이야기에 빠져버리거나 하나의 문장을 이해하기 위해 집중하다 보니 전체 흐름을 생각할 겨를이 없기 때문이다. 그리고 무엇보다 주제의식이나 맥락에 집중하지 않고 읽는 우리의 오래된 습관 때문이기도 하다. 사실 책에 몰입하면 주제의식 같은 것은 생각할 겨를이 없는 경우가 많다. 오히려 순간에 몰입하는 독서가 더 매력적으로 보이기도 한다. 책을 읽는 목적이 재미와 감동이라면 몰입은 그것 자체만으로도 충분할 것이다. 그래서 굳이 책을 읽는 동안에는 몰입이 주는 재미와 감동을 억제할 필요가 없는 경우도 있다. 맥락을 파악하는 일은 그런 연후에 해도 늦지 않다. 하지만 문장에서 빠져나온 후에는 전체적인 맥락을 통해 이야기를 살펴볼 수 있어야 한다. 그럴 때 재미와 감동은 배가 되고 독서를 통한 깨달음이 깊어지기 때문이다. 맥락을 발견하면 새로운 의미를 발견할 수 있고 그런 기쁨이 감동을 한층 증대시켜준다.

책을 읽기 전에 맥락을 먼저 살펴보는 방법도 있다. 인터넷이나 다른 책들을 통해 읽으려고 하는 책의 주제에 대해서 간략히 알아보는 것이다. 《데미안》에서 말하고자 하는 주제가 무엇이며, 《논어》는 무엇에 관한 책인지를 미리 살펴보는 것은 본격적으로 책을 읽기 시작할 때 주제의식을 가지도록 도와준다. 다만 문학 작품에서 이런 방법을 사용하면 책 읽기의 재미가 덜할 수 있으므로 주의할 필요가 있다. 내용을 미리 알고 시작하기 때문에 전개되는 이야기의 재미가 반감되는 것이다.

이런 부작용을 피해 가는 방법으로 두 번 읽기가 있다. 한 번은 아무런 배경지식 없이 그냥 읽는다. 속도감을 가지고 재미와 감상 위주로 읽는다. 그 후에 주제의식이나 배경지식을 가지고 다시 읽으면서 중요한 맥락을 파악한다. 이때는 집중력을 발휘할 필요가 있고 주요 내용을 정리해보는 것이 좋다. 이렇게 두 번 읽는 방법은 스스로 생각할 기회를 준 후 주제의식으로 다시 읽는다는 점에서 공부에 큰 도움을 준다.

좋은 책은 두 번 읽어야 한다는 말은 이런 의미일 것이다. 읽을 때마다 느끼고 배우는 것이 다르다. 두 번이 아니라 세 번, 네 번을 읽어도 좋은 책들이 고전이고 명작이다. 실제로 처음 읽을 때는 알지 못했던 것들이 두 번 읽을 때 발견되는 경우가 많고, 그럴 때 책의 깊이 있는 의미를 발견하게 된다. 그런 점에서 두 번 읽기는 맥락을 놓치지 않고 읽을 수 있는 훌륭한 독서의 방법이다.

장별로
정리하라

맥락을 파악하는 중요한 방법 중 하나는 읽은 내용을 정리해보는 것이다. 책들은 보통 장별로 구분되는 경우가 많으므로 장이나 부로 구분하여 내용을 정리해본다. 이렇게 내용을 정리한 후에 연결해서 살펴보면 전체 흐름은 물론이고 작가가 말하고자 하는 것이 무엇인지 구체적으로 발견해낼 수 있다. 중요한 것은 주제를 놓치지 않고 내용을 정리해보는 것이다. 《데미안》(민음사)을 예로, 장별로 정리하는 연습을 해보자. 일테면 1장에는 '두 세계'라는 제목이 붙어 있다. 1장을 읽은 후 주요 내용이 무엇인지를 되돌아본다. '두 세계'가 무엇을 말하는 것이며 싱클레어가 어둡고 매력적인 세계에 어떻게 빠져들었고 어떤 곤욕을 치르는지 살피면서 간략하게 내용을 요약한다. 그런 후에 이것이 주제와 어떻게 연결되는지 맥락을 살핀다. 이렇게 되면 '두 세계'가 전체 맥락에서 어떤 역할을 하는지 알 수 있다.

1장 두 세계. 밝음의 세계와 어둠의 세계가 있다. 밝음은 행복한 가족이 있는 곳이고 어둠은 사회의 그늘에 속하는 곳이다. 어둠은 두렵지만 매력적으로 보이기도 한다. 싱클레어는 프란츠 크로머에게 거짓말을 하게 되고 그로 인해 어둠의 세계로 끌려들어 간다. 자신의 비밀이 탄로 날까 봐 두려웠던 싱클레어는 크로머가 시키는 대로 해야 했고 괴롭힘에 시달린다. 돈을 빼앗기고 심부름을 대신 하고 이용당한다. 악몽을 꾸고 괴로워하며 밝은 세계로부터 멀어진다.

2장 카인. 싱클레어의 학교에 새로운 학생이 전학 온다. 유복한 미망인의 아들로 알려진 막스 데미안이라는 아이다. 싱클레어보다 서너 살 많은 그는 어른처럼 성숙한 분위기를 풍겼다. 자신감 있고 단호한 어조로 선생님에게 맞서 학생들에게 강한 인상을 남긴다. 우연히 데미안과 이야기를 나누게 된 싱클레어는 카인에 대한 새로운 해석을 듣게 된다. 살인자로만 알고 있던 카인이 선생님들의 생각과는 달리 용기와 개성이 있는 존재였고 그의 이마에 찍힌 표시는 이야기를 매달아둔 것일 뿐이라는 해석이었다. 이 말에 매료

된 싱클레어는 자신이 한때 아벨이었으며 어둠을 경험하면서 카인이 된 것인지도 모른다는 생각을 한다. 얼마 후 데미안은 싱클레어를 괴롭히던 크로머에게 어떤 조치를 취한다. 덕분에 싱클레어는 크로머의 속박에서 벗어나 자유로워진다. 부모님께 크로머와 있었던 일을 고해한 싱클레어는 밝은 세상으로 되돌아온다. 하지만 데미안이 남긴 매혹적인 그림자는 지워지지 않는다.

3장 예수 옆에 매달린 도둑. 싱클레어의 어린 시절에 흥미를 끈 것은 자기 자신에 이르기 위해 내디딘 걸음들뿐이었다. 안정적인 밝음의 세계에서 다른 세계로 발을 내딛기 시작하면서 두려움과 함께 양심을 가책을 경험한다. 성장을 위한 분기점에서 앞을 향하는 길은 가장 혹독한 투쟁으로 쟁취되어야 하는 것이었다.

여전히 데미안은 싱클레어의 삶에서 중요한 부분을 차지한다. 한번은 예수 옆 십자가에 매달린 두 도둑에 대한 이야기를 나눈다. 두 도둑은 모두 처형되었는데 한 명은 죽음 직전 회개를 해서 구원받고 나머지 한 명은 회개하지 않아 구원받지 못했다. 데미안은 두 사람 중 누구를 신뢰할 수 있는지 묻고는 죽음 직전에 회개하는 것은 아무 소용이 없으며 오히려 자신의 길을 끝까지 가는 것, 당당한 개성을 가지는 것이 더 가치 있다고 말한다. 그리고 허용된 세계는 세계의 절반에 불과하며 금지된 세계와 악마적 세계도 우리 세계의 한 부분이라고 알려준다. 두 세계 모두 우리 삶에 속하는 것들이므로.

4장 베아트리체. 단테가 사랑했던 여인의 이름이기도 하다. 어느 날 공원에서 싱클레어는 자신을 이끄는 소녀를 발견하고 사랑의 감정을 느낀다. 그녀를 생각하며 그림을 그렸는데 그리다 보니 그림 속 인물이 데미안으로 변해 있었다. 술을 마시며 정신적 방황에 빠진 싱클레어에게 데미안은 말한다. "이걸 알아야 할 것 같아. 우리 속에는 모든 것을 알고, 모든 것을 하고자 하고, 모든 것을 우리 자신보다 더 잘 해내는 그런 사람이 있다는 것 말이야." 싱클레어는 꿈속에서 만난 새의 형상을 그림으로 그린다. 그리고 그것을 데미안에서 보낸다.

5장 새는 알에서 나오려고 투쟁한다. 싱클레어는 데미안에게 답장을 받는다. "새는 알에서 나오려고 투쟁한다. 알은 세계이다. 태어나려는 자는 하나의 세계를 깨뜨려야 한다. 새는 신에게로 날아간다. 신의 이름은 아프락사스."

때마침 수업시간에 젊은 보조 선생이 신적인 것과 악마적인 것의 결합에 대한 이야기를 하고 싱클레어는 다시 정신적 혼란에 빠져든다. 대학에 진학한 싱클레어는 목표도 없이 무력한 시절을 보내다 교회 오르간 연주자를 만나 친해진다. 피스토리우스라는 이름을 가진 그 남자는 싱클레어의 꿈에 대해 풀이를 해주며, 신비

주의자로서 자신의 길을 가는 사람으로 영적 깨우침에 이르도록 돕는다.

6장 야곱의 싸움. 피스토리우스는 싱클레어가 꿈을 꾼다는 것을 알고 그 꿈들은 한 사람이 지닌 최상의 것이므로 무서워하지 말고 그 꿈들을 그대로 살라고 조언한다. 이렇게 피스토리우스는 싱클레어에게 자기 자신에게로 갈 때 필요한 용기를 가르친다. 어느 날 싱클레어는 몽환적인 상태에서 그림을 그리고 그 속의 인물이 데미안 혹은 자기를 닮았다는 것을 느낀다. 그러면서 야곱과 천사의 싸움에서 한 말인 "나에게 축복을 내리지 않으면 보내지 않겠다"는 말을 떠올린다. 얼마 후 싱클레어는 피스토리우스와 결별하고 스스로 갖겠다고 원할 수 있는 것은 운명뿐인 삶에서 그가 길잡이 역할을 해주었음을 느낀다.

왜 제목이 야곱의 싸움인지 이해가 되지 않아 성경을 잘 아는 사람에게 물었다. 그는 야곱의 싸움은 자신의 뜻을 인정받기 위해 끝까지 분투한다는 의미로 이해된다고 했다. 그렇다면 6장은 싱클레어가 자기에게로 이르는 길을 가기 위해 끝까지 분투하는 과정으로 이해될 수 있을 것이다.

7장 에바 부인. 《데미안》의 핵심이 되는 장인 듯하다. 싱클레어는 데미안과 어머니가 살던 집에 갔다가 사진을 발견하고는 그의 어머니가 자신이 꿈속에서 그리던 사람임을 발견한다. 우연히 데미안을 만나게 되고 그의 집에서 에바 부인을 통해 싱클레어는 자신의 생애가 늘 길 위에 있었고 이제야 집으로 돌아왔음을 느낀다. 하지만 에바 부인은 결코 집으로 돌아오지 못하지만 친한 길들이 만나는 곳이 고향처럼 보이는 것이라고 대답한다. 그녀는 새롭게 태어나는 것은 어려운 일이며 자신의 꿈을 찾아야 하지만, 그 꿈은 영원히 지속되지 않고 새 꿈으로 교체되기에 집착하지 말라는 것을 알려준다. 그 집에서 비밀스러운 꿈을 가진 사람들과 교류하던 싱클레어는 운명이 부르는 곳에 서 있을 용의가 있는, 자신에게 닥칠 운명을 받아들일 자세가 되어 있음으로써 능력을 발휘하고 영향을 미칠 수 있는 사람으로 변해간다. 혼돈을 뚫고 큰 날갯짓으로 짙은 구름이 낀 하늘로 날아가는 새를 본 것이다. 그렇게 유럽과 어린 싱클레어라는 낡은 세계는 와해되어가고 있었다.

8장 종말의 시작. 여름학기 내내 데미안과 함께 지내던 싱클레어는 자신이 여전히 아무것도 이룬 것이 없다고 느낀다. 데미안은 전쟁이 일어날 것이라고 하면서 이제는 누구나 큰 수레바퀴 안으로 들어와버렸다고 말한다. 결국 데미안은 전쟁터로 나가고 곧이어 징집된 싱클레어는 부상을 당해 야전병원으로 이송된다. 그리고 그곳에서 데미안을 만난다. 다음 날 데미안은 사라졌지만 싱클레어는 자신의 안에 인도자인 그가 함께 있음을 느끼고 자신이 그와 완전히 닮았음을 발견한다.

　이렇게 장 혹은 부별로 핵심을 요약하는 것에는 몇 가지 이점이 있다. 일단 핵심 내용을 파악한다는 점에서 도움이 된다. 책 전체를 한 번에 정리하기는 무척 힘든 일이다. 하지만 부나 장 혹은 꼭지별로 구분해서 요약하는 것은 크게 어렵지 않다. 이렇게 핵심을 요약해보면 그 내용을 파악할 수 있고, 흐름을 가지고 요약한 내용을 읽다 보면 책의 전체 내용도 더 정확하게 이해함은 물론 저자의 의도도 알 수 있다. 내용을 간략히 정리해놓으면 저자가 짜놓은 이야기의 구조를 한눈에 파악할 수 있다.

　이런 요약은 글을 정리하는 능력을 키우는 데 도움을 준다. 정리하는 것도 능력이다. 내용을 요약하는 과정에서 정리력이 길러지고 문장력과 표현력이 훈련된다. 이것은 글을 쓰는 능력과도 연관되기 때문에 연습이라고 생각하면서 정리해보는 것도 좋다.

　《데미안》의 장별로 정리된 내용을 이어서 읽어보자. 그러다 보면 헤르만 헤세가 데미안에서 무엇을 말하고자 했는지를 선명하게 느낄 수 있다. 헤세는 '자기에게로 이르는 길'의 고단한 과정을 싱클레어라는 주인공을 통해 보여주고 있으며 주인공이 도달한 데미안은 우리의 마음속에 있는 자기 혹은 자기가 나아가야 할 길과 같은 것임을 알려준다. '우리는 각자 자기 길을 가야 하며 그 길은 밖이 아닌 우리 안에 이미 존재하므로 내면의 소리를 잘 들어야 한다는 정도로 정리할 수 있다.

긴 이야기를 짧은 문장들로 정리하다 보면 이야기의 구조를 이해할 수 있고 동시에 이야기에 담긴 의미를 발견할 수 있다.

함께하는 공부의 힘,
나는 어디에 소속되어 있는가?

아시아 최고의 부호로 알려진 사람은 알리바바 그룹의 창립자이
자 회장인 마윈이다. 그가 미래를 준비하는 학생들을 위한 강의에
서 이런 말을 한 적이 있다.

> "반에서 3등 안에 들려고 애쓰지 마세요. 계속 1등만 하는 사람은
> 패배했을 때 그것을 잘 받아들이지 못합니다. 1등을 하는 사람은 1
> 등을 유지하는 데 급급해서 다른 생각을 할 여유가 없어져 한 번의
> 실패에 쉽게 좌절해버릴 수 있습니다."

1등을 위해서 공부하지 말라는 뜻으로 들린다. 1등에 집착하면 그것 외에 다른 것을 생각할 수 없게 되고 그것을 지키지 못했을 때의 좌절감을 극복할 수 없을지도 모른다는 것이다. 그의 말이 가슴에 와 닿는 것은 우리 대부분이 성공하기 위해서 공부를 하기 때문이다. 공부의 목적이 좋은 직장과 돈, 명예 같은 것이라면 그것을 얻는 데 실패했을 때의 좌절감을 어떻게 해야 할까?

이십대와 삼십대 초반까지는 돈과 승진 같은 사회적 성공을 위해서 공부하는 것이 자연스럽게 느껴진다. 혈기 왕성한 젊은 시절에는 도전과 성취라는 요소들밖에 보이지 않기 때문이다. 그래서인지 그때의 공부는 어학, 주식, 자기계발 같은 사회적 성공을 목적으로 하는 경우가 많다. 하지만 도전의 시절이 지나가고 나이가 들어가면 공부가 새로운 방향을 요구하게 된다. 자기계발을 위한 공부가 재미없어지고 뭔가 새로운 걸 해야겠다 싶어진다.

이런 느낌을 감지했다면 새로운 공부의 목적을 찾아서 독서의 방향을 다시 잡아야 한다. 그렇지 않으면 오락이나 유흥 같은 일상에서 쉽게 접할 수 있는 유혹들에 잠식될 가능성이 크다. 공부는 어렵고 힘든데 오락과 유흥은 너무 쉽다. 공부가 시작은 쉬워도 계속하기는 어려운 이유가 이 때문이다. 과거의 공부 목적은 사라졌는데 새로운 목적이 없다면 공부에 위기가 왔다고 봐도 좋을 것이다.

우리 시대에 인문학이 유행하고 있다는 것은 다행스러운 일이다. 하지만 인문학 공부의 목적이 무엇인지도 모르고 달려들어서는 곤란하다. 무엇을 배울 것인가는 무엇을 얻을 것인가에 따라 달라진다. 공부의 목적이 있을 때 공부의 대상이 정해지고 공부의 방법도 구체화된다. 그럴 때 생산적인 공부가 가능해지고 학습에 탄력이 붙는다. 인문학 공부를 하면서도 여전히 돈과 이익, 성공 같은 자기계발적 요소를 버리지 못한다면 공부를 제대로 하기 어렵다는 말이다.

> 세상에는 세 부류의 사람들이 있다.
> (1) 자기 과시와 욕망을 이루기 위하여 애쓰는 사람들로, 설사 덕을 실천한다 해도 이기적인 동기-천국에 가고 싶어서 혹은 지옥이 무서워서-에서 그렇게 하는 악한 사람들.
> (2) 윤리 규범을 알고 있으며, 자신의 자아가 모순 속에 있기 때문에 부단한 노력과 고통을 감수하면서도 그것을 준수하려고 애쓰는 사람들.
> (3) 세상을 구제하는 사람들로서 삶의 갈등을 극복하고 평화를 얻은 사람들. 이들은 삶의 목적을 알고 있으며, 무의식적이고 자동적으로 삶을 영위해간다.
>
> -《인도철학사 Ⅰ》, 라다크리슈난

라다크리슈난은 사람을 세 부류로 구분했다. 첫 번째는 세속적인 삶을 사는 평범한 사람들, 즉 대중이다. 이들은 자기 욕망을 이루기 위해 이기적인 동기로 살아간다. 두 번째는 좋은 삶을 살기 위해서 배우고 노력하는 사람들이다. 현실의 압력에도 불구하고 올바른 삶을 살기 위해 애를 쓴다. 물론 쉽지 않은 일이고 자주 좌절할 것이다. 마지막 세 번째는 자기의 욕망을 넘어선 이들로 함께 살아가는 삶에 대한 최종적인 목적을 이해한 사람들이다. 욕망의 수준이 낮고 타아의 구분이 없으며 세상의 이치를 몸으로 체득했다.

세 번째 부류에 해당하는 사람들은 세상에 빛을 주는 존재들이다. 두 번째 사람들에게 어떻게 나아가야 하는지를 알려주는 길잡이가 된다. 특이한 것은 '무의식적이고 자동적으로' 일상을 살아간다는 것이다. 이 점에서는 대중과 크게 다르지 않아 보인다. 하지만 이들에게는 대중이 보이는 내적인 갈등과 충돌이 없다. 삶의 목적을 이해했고 타아의 구분을 넘어섰기 때문에 마땅히 해야 할 일을 마땅한 방법으로 해나갈 뿐이다. 목적에 맞게 삶을 살기 때문에 크게 해야 할 것도 크게 바꿔야 할 것도 없다. 라다크리슈난의 표현을 빌리면 이들은 '마치 하늘에서 별이 빛을 발하듯이, 꽃이 향기를 뿜어내듯이 덕을 발산하면서 자신의 일상적인 직분을 계속'한다.

공부에 이상적인 목적이 있다면 이런 경지에 이르는 것이 아닐까? 이런 경지를 목표로 두고 그곳에 도달하기 위한 깨달음을 추구해야 하는 것이 아닐까? 그러기 위해 세상의 이치를 탐구하고 사람의 본성도 알아보고 이런저런 궁리도 해보는 것이리라.

유학(儒學)에서 공부를 하는 목적은 성인군자가 되는 것이다. 성인 혹은 군자란 학문을 닦아서 덕이 높고 행실이 올바른 사람을 말한다. 그 목적에 도달하기 위해서 격물치지, 거경궁리를 하는 것이다. 《중용》에서 "하늘이 만물에 부여해준 것을 '본성'이라고 하고, 자신이 부여받은 본성에 따르는 것을 '도'라고 하며 도를 닦는 것을 '가르침'이라고 한다"고 했다. 만물의 본성을 탐구하고 사람의 본성에 충실하도록 도를 익히며 배우는 과정이 공부인 것이다.

도교의 목적은 신선이 되는 것이다. 신선은 자유로운 존재다. 만물의 이치를 터득하여 자연과 일체가 되어 신성을 획득한 불멸의 존재다. 이런 목적은 불교의 그것과 다르지 않다. 불교 또한 현실의 고통을 뛰어넘어 자유로운 존재가 되는 해탈이기 때문이다. 이렇듯 유불선의 목적이 다르지 않다. 세상의 이치와 원리를 배워 자유로운 존재가 되는 것.

그런데 이런 목적으로 공부를 하는 사람들은 그렇게 많지 않은 듯하다. 여전히 우리는 첫 번째 혹은 두 번째 부류에 머물러 있다. 그런 점에서 좀더 나은 존재가 되려면 공부의 목적을 한 단계 높여볼 필요가 있다. 어떤 목적을 가지느냐에 따라 공부의 내용과 방법이 결정되기 때문이다. 우리는 읽는 것에 반응하는 동물이다. 좋은 목적으로 좋은 텍스트를 고른다면 좋은 결과에 도달할 가능성이 커진다.

나는 공부를 하는 이유를 '좋은 삶을 위한 깨달음'에 두고 있다.

좋은 삶이라는 말이 추상적일 수 있지만 더 적절한 표현을 찾지 못했다. 좋은 삶을 살려면 깨달음이 필요하다. 일상에 매몰된 삶을 건져 올리려면 깨달음으로 안내하는 문장과 이야기가 필요하다. 그것을 얻기 위해 책을 읽고 공부를 한다. 이 책의 목적 또한 이런 과정의 결과물이다.

우리는 '내가 훌륭한 사람이 되면 성공할 수 있을 것'이라는 생각을 가진 듯하다. 예전에는 이 말이 당연히 옳다고 여겼다. 하지만 지금은 그렇지 않다. 내가 훌륭한 사람이 되는 것은 중요한 일이지만 그것보다 더 중요한 것이 있기 때문이다. 그것은 내가 어떤 공동체에 소속되어 있느냐 하는 것이다.

공동체란 그 사람이 살아가면서 몸담게 되는 조직을 말한다. 가족, 회사, 학교가 떠오를 것이다. 하지만 이런 조직은 내 마음이 담겨 있지 않다면 공동체로서의 가치가 없다. 더 중요한 것은 비공식적인 모임인 친한 친구들, 직장 내의 소모임, 교회, 동호회, 노동조합 같은 것들이다. 어쩔 수 없이 몸만 담고 있는 조직이 아니라 진심과 애정이라는 마음을 담을 수 있는 공동체는 우리의 정신적 에너지를 결집시켜주고 그 방향을 조절하는 역할을 한다.

독서모임을 생각해보자. 책을 읽는 사람들이 모여 공동으로 도서를 정하고 토론을 하다 보면 자연스럽게 그 모임만의 정체성이 형성된다. 구체적으로 표현할 수는 없지만 공부의 목적이 비슷하고 사람들의 성향이나 품성도 닮았다. 이런 경우 새로운 사람이 그 모임에 참여했을 때 정체성이 맞지 않으면 자연스럽게 탈락한다. 이것이 그 공동체의 정체성이다.

좋은 공동체에는 좋은 사람이 많다. 좋은 사람이 많기 때문에 갈등이 적고 손발이 잘 맞는다. 활동에 재미가 생기고 의미를 발견하며 성장한다. 함께 나아가고, 어디로 가야 하는지를 함께 느낀다. 그런 점에서 내가 어떤 공동체에 소속되어 있는지를 생각해보는 것은 자신의 존재를 파악하는 좋은 기회가 된다. 내가 속한 공동체가 각자의 이익을 추구하는 곳이라면 나는 첫 번째 부류에 가까울 것이다. 공동체가 좋은 삶을 위해 서로를 도우려는 애정이 넘치는 곳이라면 나는 세 번째 부류에 접근하고 있을 것이다. 그런 점에서 이렇게 말할 수 있을 듯하다.

"내가 어떤 사람인가보다 더 중요한 것은 내가 어떤 공동체에 소속되어 있느냐 하는 것이다!"

남다른 정리의 비결 :

1. 미래 세대에게는 원리를 이해하고 비판력을 발휘하여 자기 생각을 표현하는 능력이 필요하다. 독서를 통해 이 과정을 훈련해야 한다.

2. 공부하고 익힌 것을 할머니도 이해할 만큼 쉽게 설명할 수 있도록 연습한다.

3. 책을 읽을 때 주제의식을 가지고 맥락을 놓치지 않도록 한다.

4. 책의 목차에 따라 장별로 정리해본다

5. 함께 공부할 때 더 잘할 수 있다. 좋은 공부공동체를 만들어라.